ALFREDO ÍÑIGUEZ LÓPEZ

Lecturas de vivac

Ediciones
Cordillera Cantábrica

LECTURAS DE VIVAC

Edita: J. Alberto Castaño Boza. Ediciones Cordillera Cantábrica.
www.edicionescordilleracantabrica.com

Primera edición, febrero 2015

Depósito legal: AS - 00564 / 2015
ISBN: 978-84-943399-1-2

Impreso en el Principado de Asturias - España

ALFREDO ÍÑIGUEZ LÓPEZ

Lecturas de vivac

A María José López Castañón, *Liber*

Para el gran público de este país, las retransmisiones de los rescates en el Naranjo de Bulnes de los años setenta constituyeron su inmersión primera en el mundo del alpinismo. En Asturias, estos hechos se vivieron con mayor tensión, si cabe, que en el resto de España y acercaron, tanto los Picos de Europa como el propio Urriellu -hasta entonces una mera fotografía de postal-, a todos los hogares. De resultas, la percepción que prendió entre las gentes fue lo peligroso y arriesgado de la práctica de un deporte, el alpinismo, llevado a cabo por unos extraños seres, entre aventureros y locos, presos de una incomprensible pasión por las montañas.

Por tanto, cuando mi madre se enteró de que su hijo estaba entre aquellos pirados -y se enteró muy pronto- seguro que no lo hubo de pasar nada, pero que nada bien.

Es por ello por lo que he de agradecerle que, aparte del *"Alfredín, ten cuidado",* fórmula con la que aún me despide cuando voy a la montaña, jamás me pusiera la menor pega, ni me hiciera partícipe de sus miedos, a pesar de que, como para tantas otras madres de la época, las de mis compañeros, a las que hago extensiva esta dedicatoria, la procesión seguro que iba por dentro.

No puedo olvidar a mis sobrinos Lucía y Sergio. Aunque sus afanes deportivos están alejados de las paredes, el hecho de leer -si lo soportan- los desvaríos de su tío, seguro que los mantendrá a salvo de tales dislates, dejando tranquila a su abuela.

Por todo lo anterior, y por mucho más: ¡Gracias mamá!

Prólogo

Una de las diferencias esenciales entre el alpinismo y el resto de esas actividades del hombre que llamamos 'deportes' es que el primero ha inspirado una literatura amplísima, dentro de la que se pueden distinguir subgéneros tan diversos como la crónica, el viaje, la aventura, el relato lírico, el ensayo sociológico... En todos ellos se han dado verdaderas joyas.

Otro modo de clasificar la literatura de montaña podría ser atendiendo a su origen geográfico, es decir, agrupando las obras en razón de las montañas que las han inspirado. Tendríamos así una literatura 'alpina'- en sentido estricto-, como la habría también 'andina', 'himaláyica' o 'pirenaica'... Pero, ¿habría igualmente una literatura 'piquista'? La respuesta es afirmativa, si bien la literatura ligada a los Picos de Europa, tal vez de modo acorde con la modesta extensión y altura de estas montañas, es más bien reducida.

Por esta razón -entre otras más-, hoy me siento feliz al presentar una colección de relatos que viene a engrosar la lista de títulos que tienen los Picos de Europa como trasfondo principal, y que lo hace, además, incorporando géneros poco o nada representados hasta el momento en este ámbito, como es el caso del relato de ficción y de la realidad novelada. El autor de los mismos es Alfredo Íñiguez, de quien muchos conocemos hace tiempo la fuerza que imprime a todo lo que escribe. Ahora, al fin, Alfredo ha reunido en un volumen varios de los inclasificables escritos que han salido de su imaginación y nos los ofrece por primera vez en forma de libro, esa maravillosa manera de comunicar que permitirá a todo aquel que sea seducido por su contenido disfrutar de él siguiendo estrictamente la sugerencia de su título: en el vivac de la pared, en el silencio de la tienda o en el interior del refugio en una tarde de lluvia.

Aludía antes a los Picos de Europa para indicar que, aunque no son los protagonistas de cada pieza de este conjunto de relatos, están siempre presentes de algún modo. A menudo lo están en primer plano, como en '*La línea Schulze*' o en '*El vuelo*'; en otras ocasiones, como en las '*Historias de los ochenta*', forman un telón de fondo no siempre explícito y, a veces, como en '*El último espolique*', surgen al final, en un quiebro inesperado de la historia. Por estar, están incluso cuando la pluma del autor nos lleva muy lejos, a las heladas pendientes de otras cordilleras, porque uno adivina que las experiencias acumuladas por Alfredo a lo largo de una vida acariciando las paredes calcáreas que miran al Mar Cantábrico han conformado no sólo su técnica, sino también su actitud y su pensamiento ante la montaña, cualquier montaña, también las más lejanas.

El lector encontrará en estas páginas crónicas, historias, cuentos y reflexiones construidos de las maneras más variadas que pueda imaginar para tan breve antología. Hallará aquí el romanticismo de autores clásicos como Frison-Roche; el humor caústico, a veces desternillante, de un Krakauer; el estilo descarnado, sin concesiones a la hora de describir los modos y usos de *los ochenta*, de Simpson... pero encontrará también una personalísima y desbordante fantasía, que en '*El alpinista*' le llevará a descubrir el mundo insospechado que espera al escalador que atraviesa la *Gran Frontera*, o que en '*Ojos Grandes*', ese maravilloso cuento -¿o realidad?-, le hará ver de otro modo al hombre y la naturaleza.

Como acabo de decir, cada uno de los relatos se plantea con un estilo y un enfoque distintos, pero todos poseen el lenguaje personal, inconfundible, de Alfredo Íñiguez: tienen *marca de autor*. Disfrútenlos.

Elisa VILLA OTERO, *junio de 2011*

Post scriptum. Tiempo después de escribir lo anterior, la autora de este prólogo se vio obligada a añadir las líneas que siguen. Las líneas que jamás querría haber escrito. En marzo de 2012, Alfredo Íñiguez nos dejó. La montaña, que fue su amante, su patria y su refugio, se quedó con él para siempre. A todos los demás, nos dejó en herencia su modo de vivir la montaña, sus imaginativos itinerarios por crestas y paredes, sus bellas vías de escalada, su búsqueda de la sencillez. Y muchas cosas más, entre las cuales sus escritos ocupan un lugar predominante. Alfredo amaba escribir tanto como amaba la montaña, y una afición se nutría de la otra. Y como en estos textos ha quedado reflejada buena parte de su personalidad, es en ellos donde sigue vivo el espíritu de quien los imaginó.

Historias de los ochenta

A mi 'quinta'

"La montaña resplandece en nuestro pasado.
Hitos del pasado. Indicadores hacia el futuro.
¡Gracias amigos! Sonoros, tintinean los vasos".

Hermann Buhl: *Del Tirol al Nanga Parbat*

Hubo un tiempo -parece lejano y fue ayer- en el que los alpinistas se transmitían unos a otros la información que les atañía en conversaciones de refugio, en los salones de los clubes de montaña o en algún viejo y entrañable bar, que también era tienda, próximo al macizo de rigor y de turno. Unos años en los que los soportes de esos datos eran unos croquis pergeñados en el envoltorio de una tableta de chocolate, en un papel de estraza, o en cuadernos de campo: aquellas libretitas de tapa dura, escondidas en una lata de caramelos o de tabaco, adornadas con grabados coloristas y evocadores de otros mundos. Cuando alguna fotografía describía una ruta o un pasaje, era de albricias. Las películas estaban reservadas a la élite del oficio y, como mucho, teníamos en la diapositiva el precedente de la era digital. En estas décadas la información todavía era relativa, infinitamente inferior a la actual. Pero, justo por ello, las tertulias eran animadas, apasionantes, incluso magníficas si los componentes del círculo gozaban del don de la palabra. En el ámbito técnico, quizá lo más hermoso fuese la descripción y el comentario de los pasos; en el humano, las historias y su entorno, las épocas.

En ocasiones, para un escalador clásico, el hecho de superar determinada ruta representa un auténtico *rito de paso,* dicho esto en el más puro sentido antropológico del término. Los grandes trazados, las líneas tradicionales, siempre guardarán en sus entrañas esos *puntos calientes*, erigidos en hitos concretos gracias a su dificultad, belleza o historia. Es indudable que cada alpinista posee sus propias facultades, dones y carencias: unos van mejor en adherencia, otros son más finos en fisura; hay quien odia las chimeneas, mientras que algún sujeto que conozco parece haber sido deshollinador en una vida pasada. Pero hay algo que quiero pensar que nos iguala a todos: el amor a la montaña.

Decía María Moliner sobre el amor: *"Sentimiento expresado por una persona hacia otra, que se manifiesta en desear su compañía, alegrarse en lo que es bueno para ella y sufrir por lo que es malo"*. Si esta primera definición de tan manido término sobrecoge por su concisión y podría retratar a alguna cordada, el genio y la pluma privilegiada de la gran no-académica de la Española, regala a la sensibilidad otra esmeralda literaria: *"Deleite o gusto con que se ejecuta una obra"*. Buena o mala, una vía es una obra, ¿verdad? ¡Igual que un libro!

Aún hay más. Se cuenta de Luis Miguel Dominguín que, tras pasar su primera noche con Ava Gardner, a primera hora de la mañana abandonó de un salto el tálamo. La actriz, sorprendida, le preguntó:

"¿Adónde vas amooog?"

Y el matador, fiel a la tradición torera de rematar bien la faena, estoqueó: *"¡A contarlo!"*.

Pues eso.

Recuerdo con claridad el objetivo que, allá, cuando la década de los setenta agotaba sus años de vida, alumbraba como un fanal todas mis ilusiones de aprendiz de escalador. Como para tantos otros compañeros de la época, ese objetivo no era otro que surcar la pared oeste del Picu Urriellu por la vía 'Rabadá-Navarro'. Si este deseo no era obsesivo, se le aproximaba bastante. Cuando lo conseguí, fui feliz. A veces he leído y escuchado que la felicidad no está en la consecución de uno de estos fines que arrebatan al ser humano, sino en el trayecto hacia él… ¡Y un cuerno! El camino puede ser bonito o no, pero cuando uno dice que ama y pierde el amor al llegar a lo amado, sólo se ama a sí mismo. En nuestro caso, el camino sí era bonito; y empinado también, pero guapo a espuertas. En 1980 ya habían pasado dieciocho años de la apertura de la Rabadá-Navarro; para nuestra generación, un año luz. Han sido tales los cambios producidos desde entonces en la práctica del montañismo que, en estas cuestiones, la medida del espacio-tiempo la podríamos dar en parsecs, es decir, en dimensiones astronómicas. Y si no, pensemos en el GPS, el móvil, el 112... o el GREIM.

Un atardecer de la primavera de 1980, sentados en el soleado corredor del viejo refugio de la escuela de Quirós en la aldea de El Llano, un par de amigos estábamos lamiéndonos las magulladuras de una jornada maratoniana de las de la época, en las que la costumbre era meterse entre pecho y espalda cuántos más metros de escalada, mejor.

De pronto, la madera de la escalera que conducía a los tableros corridos del dormitorio de la primera planta comenzó a crujir y lo hizo de manera continuada durante unos minutos. Tantos años después, uno no recuerda con exactitud el comentario que pudimos cruzar entre nosotros, pero podría haber sido: *"¡Vaya banda!"*. Acuciados por la curiosidad, nos levantamos y asomamos las cabezas por la puerta… Ahora, tres décadas después, solo de pensarlo me entra la risa floja. Aquella *banda* la formaba una sección al completo de la Guardia Civil, el semillero del actual GREIM. Imaginad la cara de pasmados que se nos quedó.

Aquella misma noche cenamos todos juntos. El oficial al mando era un joven espigado que respondía al nombre de Mariano Vicente; hoy es un jefe de alta graduación. Como por aquellas fechas aún no se había editado ninguna guía de la escuela y, encima, poco antes se habían abierto muchas rutas nuevas, durante aproximadamente una semana Mariano se guió de nuestro conocimiento de las vías para organizar los entrenamientos de sus hombres que, dicho sea de paso, eran a muerte. En aquel grupo, muy heterodoxo, había gente muy joven, de nuestra misma quinta, y con ellos entablamos enseguida una amistad que, en algún caso, todavía permanece. Es el caso de Bernabé Aguirre, el ahora magnífico instructor del cuerpo. Cuando al atardecer de aquellos días de juventud nos juntábamos en las viejas piedras de El Llano, a la vera de los hórreos centenarios, los jóvenes guardias nos decían medio en broma, medio en serio:

-*"¡Cuidado con las vías que le sopláis al teniente para mañana!"*

El viejo refugio de Quirós tenía en esos años tres guardesas: Vicenta que no regía muy bien, la pobre; Candela, la verdadera responsable de la guardería y María, dotada de una memoria privilegiada. María padecía serios problemas de cadera; siempre la recordaré armada de sus muletas, persiguiendo bajo los hórreos a su pato -que ejercía de mascota en El Llano- para, de atardecida, echarlo al corral.

La casa de estas tres hermanas aún se conserva frente al refugio. Algunos escaladores, para hacerles gasto a las abuelas, tomábamos un *café de pota* con ellas, ya fuera al calor de la cocina de carbón en tiempo inclemente o en el soleado banco de piedra, adosado al muro sur de la casa, en los días buenos. En aquellas ocasiones, María recitaba romances, canciones y poesías que, según contaba, había aprendido de niña en la escuela. Era como un pozo sin fondo. Ojito, en cierta ocasión que estaba declamando me dije: ¡Demonios! Esto me suena… ¡cómo no me iba a sonar! recitaba de corrido *El Cantar de la afrenta de Corpes*, del Mio Cid. Ahora me tiro de los pelos por haber dejado pasar la oportunidad de haber grabado y transcrito todo aquel bagaje de la abuela María.

En el año 1966, Santiago Sánchez y Gabriel Muñoz abrieron 'El Llano', la primera línea de la escuela, notable apertura para la época y maravillosa la intuición de estos personajes iniciando una andadura que ha permitido a varias generaciones de escaladores firmar en este singular libro de bitácora. Luego vinieron 'La Amarilla', 'Les Plaques', 'Les Brujes', 'La Cubana', 'El Escalón', 'La Selva', 'La Ogipo', 'El Ventolín'… míticos nombres de vías. A partir del año ochenta, al equiparse paralelas a sus trazados multitud de nuevas rutas, pasaron a denominar los sectores de la escuela.

Panorámica de la escuela de escalada de Quirós ▷

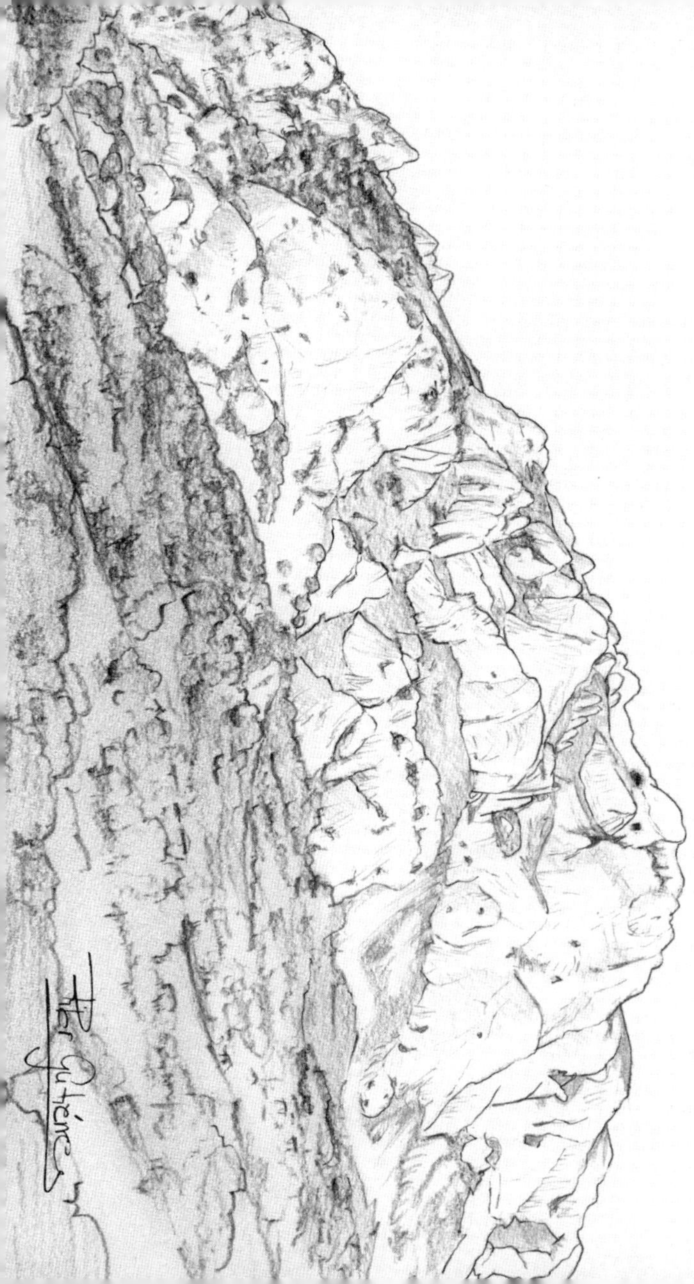

Un trazado precioso -y duro- de finales de los setenta era la 'Bertín-Segoviano'[1]. Allí, en una reunión me llovieron unos cuantos pescozones. Escalando una mañana con Jose, *el Pipi* y su compañero Tino -para mí dos *retablos*, pues tenían nada menos que veinticinco *tacos*- se dio la coincidencia de que hubimos de escalar con dos cuerdas del mismo color: azul. Se distinguían bien porque una era nueva, del paquete. En el largo más duro de la ruta, me gritan desde abajo: ¡Guajeeee! ¡Tira de la vieja! Y ahí va Fredo. Esta *ye* la mía y respondí a todo pulmón ¡¿De cuál de las dooooooos?! Fue llegar al relevo -evidentemente, no podía escapar- y *coserme a gorrazos*.

El tiempo se contrae en la misma proporción en el que lo vamos agotando y, aunque nadie sabe su fecha de caducidad, casi todos tenemos un espejo en casa. Digo casi, porque no sé qué trato cerró el Biafra con Nosferatu[2]. A lo mejor, no gasta espejo.

- *"Y... ¿si nos disparan?"*

- *"Lo que Alá, el Grande y el Misericordioso, decida"*.

(1) La vía 'Bertín Segoviano', paralela a 'la Amarilla' por su izquierda, fue abierta en 1977 por Alberto Álvarez y Miguel Ángel Adrados.

(2) Miguel Ángel Mora "Biafra", aperturista en 1980 de la vía 'Nosferatu' (entre otras) a la cara norte del Picu.

Eso le contestó un aguerrido afgano a Marín[3] cuando se encontraban en medio de una banda de talibanes. Teníais que haber visto la cara de tahúr de Christian desgranando sus aventuras en Afganistán cuando gestionaba una empresa de catering que suministraba los víveres a las tropas españolas allí desplegadas...

Pero me parece que en este relato estoy llevando los bueyes por delante del carro. Empiezo de nuevo. Me había encontrado en la Vega Urriellu con Begoña Fernández y unos amigos del Torrecerredo y, durante la cena, va ella y me dice:

- *"¿Sabes qué día es mañana?"*

- *"No, ni falta que me..."*

- *"Pues mañana hará veintiocho años que abristeis Amistad con el Diablo".*

- *"¡Joer!... ¡Vaya control!"* (Risas)

A la mañana siguiente, ellos se dirigieron al Jou de los Cabrones. Un servidor también deseaba hacer una visita a la zona para saludar a los guardeses del refugio: el titular, Sergio, los sportinguistas Gonzalín y Melissa y, cómo no, para volar un rato por las crestas de Cabrones. De modo que, por la tarde, seguí los pasos de

(3) Christian Marín, mi compañero en la apertura de 'Amistad con el Diablo'.

mis amigos después de dejar bien fijada mi vieja *Vaude* en la que resultó ser su última excursión. Esta excelente tienda bien se merecería que se contase la historia de sus aventuras. Solo el desgaste producido por la exposición a la radiación solar ha podido con ella y, así y todo, su despedida vino tras aguantar un mes plantada en la Vega Urriellu. No lo puedo evitar: tengo por costumbre cogerle cariño al material. Mi confianza en ella era ciega. Un par de días antes, estando en Cabaña Verónica, unos amigos que hacían la travesía desde el Picu a Collado Jermoso, al enterarse de que había dejado en ella un depósito, me dicen:

- *"Pues, tras la tormenta de ayer, hay una tienda verde en la Vega que quedó hecha polvo ..."*

- *"¡Fijo que no es la mía!*

Efectivamente, casi ciega. La confianza, digo. Porque me fui a Urriellu a comprobarlo, con la excusa de hacer un porteo de agua.

Volvamos a Cabrones, donde me encontraba a media tarde, disfrutando de una animada tertulia. De pronto, veo que un par de individuos de aspecto patibulario, con dos armarios de los de antes a la espalda, ascienden desde la fuente. Lo que sucedió, y salvo *Alzheimer* de por medio, no se me olvidará jamás: uno de aquellos *cowboys* se me quedó mirando como si fuera a desenfundar y yo os juro que no le fui a la zaga.

- *"Pero tú... tú eres... Alfredo Íñi..."*

- *"¡¡¡Christian!!!"*

En 1980, tras abrir la vía 'Amistad con el Diablo' con Christian Marín, mi colega bajó conmigo a Gijón, a casa de mis padres. Tras saborear la Villa de Jovellanos, le acercamos a La Robla y durante veintiocho largos años jamás volvimos a vernos las caras. Era llegar a Urriellu y decirme cualquier colega:

"Íñiguez, ayer bajó Christian" o "estuvo aquí la semana pasada"

Era como una maldición. Hay que decir que nosotros mismos, en un alarde de estoicismo, no nos preocupamos excesivamente por contactar: al fin y al cabo, ya nos veríamos... Eso era lo que pensábamos año tras año, cada uno por su lado. Tengo un bagaje de recuerdos en montaña que constituye mi único, pero gran patrimonio. Sin embargo, lo que representaron esos días, primero en Cabrones, después en Verónica, en compañía de mi amigo del alma, contándonos lo que había sido de nuestras vidas como si hiciésemos un examen de conciencia, escapa a lo que jamás hubiera podido imaginar. Debo añadir que los amigos allí presentes, interesados, al parecer, en conocer nuestras aventuras de juventud, nos estimulaban con sus preguntas. Kike y Jose, los nuevos guardas de Cabaña Verónica tras la marcha de Mariano, son testigos fiables de aquellas horas inolvidables.

La memoria nos juega, en ocasiones, malas pasadas. A la hora de hablar de los ochenta, la distancia de casi tres décadas puede llevar a confundir lo vivido con lo soñado. Es por eso por lo que ciertas referencias son como faros en el proceloso mar de los recuerdos. Si decimos "bota dura", con todo lo que implica, o "transición al pie de gato", nos entendemos a la perfección. Pero si mencionamos "Super Gratton", se nos encienden los ojos. Estas fantásticas herramientas pertenecen en realidad a los últimos años setenta y, según opinión generalizada entre los recios de la época, su diseño como calzado alpino rozaba la perfección. Es una verdadera pena que no se fabriquen hoy día. Con idéntica nostalgia recordamos el viejo diseño del casco Galibier, que Climax fusiló; o el arnés Williams, ya fuese el modelo Troll o el Mark 5. Unos pantalones blancos, unos aluminios Simond y, no menos importante, una melodía fijada en el córtex: los *Rolling* si la cosa era para nota, *Zeppelin* cuando alcanzaba la matrícula de honor. Si, tras lo anterior, uno tenía la suerte de dar con sus huesos en el Picu o en el Tozal, en Terradest, en Regina o en Riglos y era capaz de dejar aparcado el canuto unos instantes -lo mínimo, justo el tiempo de coser al boudrier un as de guía- para, acto seguido, *encalomar* una 'Rabadá-Navarro', una Guirles o tentar al destino en alguno de los quintos superiores del Gálvez, cuestión esta que merecería un par de artículos, uno... andaría rondando la felicidad absoluta. Hay décadas que requieren diez años -¡perogrullada!-, pero la que nos ocupa ya nació adulta.

Año 1980. Nunca hubo, pienso yo, tanta concentración de talento a la vera del Picu Urriellu: se abrieron la 'Sabadell', 'Mediterráneo', 'El Vuelo del Dragón', 'Capricho de Venus', 'Amistad con el Diablo', 'Pilar del Cantábrico', 'El Cainejo', 'Nosferatu'... No se puede explicar lo inexplicable. Francisco Blanco, que eclosionó al alpinismo en 1983 con un poderío insultante, cuando habla del año ochenta, ese regalo de los Dioses, se emociona. Y afirma que él se subió a las espaldas de la *free climbing* o la *new wave,* como nosotros mismos nos autodefiníamos -la modestia no estaba entre nuestros defectos-. Decía Gálvez, el de los quintos superiores, que en el fondo éramos unos aficionados. Y tenía toda la razón. Salvo en el caso de los Murcianos -los hermanos García Gallego y otros naturales de esta arcana región mediterránea- y del gran Sevi[4], así era: un personal medio *hippie* y que apenas se entrenaba -esto último, hasta estaba mal visto por algunos-. Pero, treinta años después, nadie discute que 1980 está inscrito con letras de oro en el alpinismo español. Decía el gran Pedro Udaondo -junto con Gustavo Schulze, el máximo piquista de todos los tiempos-, que el ochenta rozaba el milagro. Y lo decía él, que, por supuesto, sabía de *bouquets* y había saboreado en repetidas ocasiones las rutas de la cosecha.

Hecho lo difícil, apoyados en los grandes de las

(4) Antonio Gómez Bohórquez (Sevi). Inspirador y aperturista del 'Pilar del Cantábrico', ruta que terminó con Jesús Gálvez (otra máquina) en 1980. Escalador fortísimo. En una ocasión porteó desde Poncebos a Urriellu por Camburero más de 40 Kg en apenas 2 horas 30 minutos.

anteriores décadas, forzado el paso clave, estaba la maniobra en bandeja. El alpinismo español alcanza la mayoría de edad y se expande: Yosemite, Himalaya, Verdón, Patagonia... Citar nombres sería insultar a los que se queden en el tintero. Al Diablo gracias, hay suficiente literatura de la época donde buscar los nombres y los hombres. Digo hombres, en genérico, porque las chicas, como Gálvez el de los quintos superiores, se merecen un capítulo aparte. Mil novecientos ochenta: magia. No existe otra palabra que encaje mejor. Imaginaros, amigos, que el guarda del refugio era Tito[5]... -*¡¡¡Chilííiín!!!*-. El ambiente -bueno, malo o regular, según soplara el viento- estaba garantizado. Yo, que apenas tenía dieciocho años, me pasé casi todo el verano en Urriellu y fui testigo de esas aperturas. Hay anécdotas increíbles.

Una tarde de julio, tras varios días de mal tiempo, la guardería se había quedado sin un pobre chupito que llevar al coleto de los allí refugiados. Aquella noche, después de cenar, no se nos ocurrió otra cosa mejor que sortear una expedición a Bulnes, en busca de suministros etílicos. Éramos unas veinte personas y prácticamente todos estábamos abriendo vías. Allí estaban los Murcianos; Wenceslao y Valett, de Sabadell,

(5) Con excepción del verano del 81, en el que la guardería estuvo a cargo de los alpinistas Nacho Orviz y José Luis Torres, Tito dirigió el refugio durante casi toda esta década; a finales de la misma, le relevó Tomás Fernández, coincidiendo su llegada con la última ampliación del refugio.

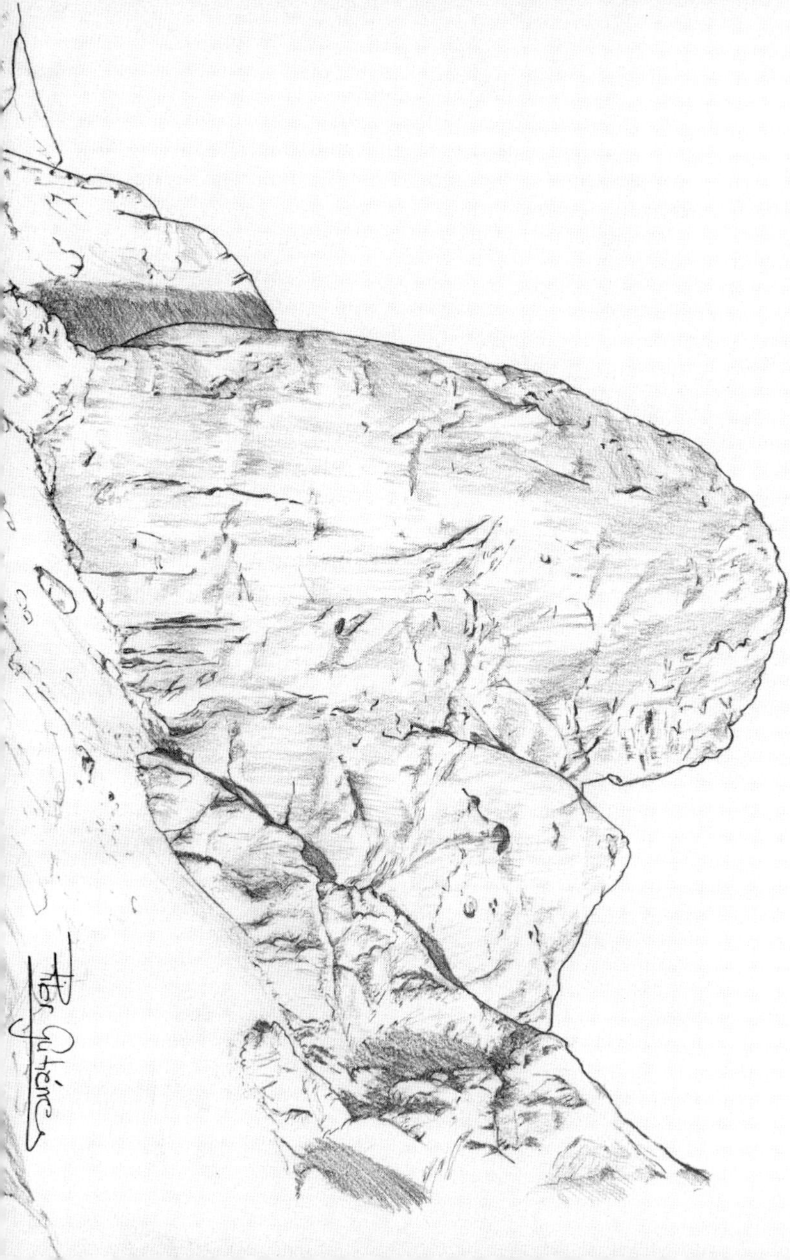

currándose la ídem; Torres, Francis, Tito y un servidor, del Principado; Christian, Biafra, Josefer y Gálvez, del Foro, la capital del Reino… En fin, quiso la suerte que José Luis Torres y Francis Bermúdez se convirtieran en los expedicionarios que, bajo un telón de agua de dimensiones bíblicas, y en una noche negra que daba miedo, descendieran como motos a Bulnes por Camburero. En poco más de tres horas, calados hasta los tuétanos, estaban de vuelta en la Vega para solaz y alborozo de los allí presentes. No os voy a engañar, las horas siguientes fueron épicas. Pero... ¡ay, amigos! Llegó implacable el amanecer y... ¡el día perfecto! Bajo una límpida atmósfera, soplaba una leve y aterciopelada brisa que acariciaba una patética banda de desechos humanos desperdigada por la pradera. A mediodía, los hermanos Gallego, que actuaban como auténticos profesionales, en un esfuerzo digno de encomio, puesto que les habíamos dado la noche, ascendieron por sus cuerdas fijas. Mientras, a lo largo y ancho de la Vega y en unas condiciones lamentables, seguía yaciendo la flor y nata del Urriellu.

Otra situación 'enternecedora' fue la siguiente: limpiando los Murcianos la '*Mediterráneo*', avisaron con grandes voces que iban a tirar unos bloques. Estaban ya a cuatrocientos metros del suelo, a la altura de la Laja España. Un despistado, que rondaba la base de la pared, salió corriendo pedrera abajo con tal ímpetu que se produjo un fortísimo esguince en un tobillo. Se avisó por radio a la Benemérita y, para asombro de todos, sobre las once de la noche, bajo un fortísimo aguacero, ataviados con capote, *chopo* a la espalda y claros síntomas de hipotermia, surgieron de los desventíos del Jou Lluengu dos números de la Guardia Civil. Les atendimos como madres, les dimos ropa seca y Tito les preparó la cena -regada con buen vino, que de aquella porteaba de Liébana por El Cable-. Alguien tuvo la osadía de liar un porro delante de ellos, comentándoles mientras lo hacía que era para liberar el cuerpo de los rigores de la escalada. Imaginaos nuestras caras cuando el mayor de los guardias, que rondaría los cincuenta, contestó lo que sigue:

- *"No te preocupes chaval, que nosotros, al acabar el servicio, también nos relajamos tomando unos vinos"*

Cuenta Paco Ballesteros en su libro *"Las Historias del Naranjo de Bulnes"* que durante la apertura de la vía 'El Cainejo' por parte de Alfredo[6] *El Cazador* y *Tito*; Christian, *Biafra* y yo nos encontrábamos repitiendo la 'Martínez-Somoano'. En aquellos días, la 'Carretero' -también se llamaba así- era un *coco* de vía. Tened en cuenta que su apertura databa de 1974 y que, a principios del ochenta, apenas contaba con media docena de repeticiones. Durante la primera ascensión, los aperturistas pasaron los pasos clave, a pelo y... ¡con bota dura! Efectivamente, allí estábamos nosotros y os diré que ver cómo el amigo Claudio Sánchez *Tito,* trazaba 'La Cainejo' fue uno de los espectáculos más memorables

(6) Alfredo Fernández "Fredo el Cazador".

de mi vida. Aquella mañana, se tiró largos de cuarenta metros sin seguros, con un estilo y una elegancia que, en directo, jamás volví a ver[7].

Otra historia casi surrealista, al menos curiosa, es la que me ocurrió con el pequeño de los Murcianos. Si mal no recuerdo, era un año más joven que yo. Acompañaba a sus hermanos, porteaba y les asistía, pero no le dejaban escalar. Al parecer, Miguel Ángel se lo había prometido a su madre: tres locos en la familia eran más que suficientes. Una tarde, cuando bajaba yo de hacer la ruta 'Nani', me lo encontré: me estaba esperando a la salida de la Canal de La Celada y, allí mismo, me suplicó que diésemos la vuelta hasta la sur y ascendiese con él a la cumbre. Remontamos rapidísimos, la hicimos y, al descender, me hizo prometer silencio sepulcral sobre el tema. Por mi parte, cumplí mi palabra y aquella fantasmal ascensión no debió trascender, ya que, durante un tiempo, Miguel Ángel García Gallego me siguió llamando a casa de mis padres para que le informara sobre el tiempo y las condiciones en Picos.

Era una época en la que el valor y la intuición primaban sobre el entrenamiento específico, aunque, en

(7) Meses después de la apertura de 'Cainejo', realizamos los dos tocayos 'Las Brujas' al Tozal de Mallo durante una memorable excursión a Ordesa en la que nos acompañaron Alberto Cabrero *"Albertón"* y Ángel Álvarez *"Gelu"*. En aquella ocasión, Alfredo, todavía se acordaba de Tito distanciándose de las reuniones, sin apenas seguros intermedios por el mar de la Este.

confianza, os diré que éramos más bien alpinistas en el sentido tradicional del término, puesto que aprendíamos en el mismo terreno que era objetivo de nuestros afanes. Quizá esto nos evitó algunos de los problemas que las nuevas generaciones tienen para transferir lo practicado en el rocódromo o en las escuelas, normalmente hiperaseguradas, al ámbito de la alta montaña. Pero en fin, es ley de vida y cada generación tiene sus propios conflictos. Los nuestros eran, fundamentalmente, la falta de medios. Con aquellos bueyes había que arar.

En el año 1979 José Antonio Odriozola Calvo -*Toño* para sus amigos-, un clásico entre los eruditos de los Picos de Europa, que él amaba profundamente, ejercía el cargo de Presidente de la Federación Española de Montañismo. Por aquellos días, Odriozola publicó un largo artículo titulado *"El Naranjo de Bulnes a los 75 años de la primera escalada"*. El trabajo sería reconvertido más tarde en texto de las diversas conferencias que el autor pronunció a lo largo y ancho del país. Pero en 1980, la eclosión de nuevas aperturas en el Picu obligó a Toño a cambiar el contenido de la charla para incluir en ella las vías de reciente factura. Según me contó Miguel Ángel Mora *Biafra,* Odriozola le recibió *"muy cortés y amable"* en su despacho de Madrid para solicitarle información sobre las nuevas vías 'Capricho de Venus', 'Amistad con el Diablo' y 'Nosferatu'. Por mi parte, a través de Julio Bousoño Pañeda *Bus*, le hice llegar datos sobre la segunda.

La primera vez que leí este ensayo de Odriozola sobre el Urriellu fue en un número extraordinario editado en 1980 por la Asociación Montañera Astur Torrecerredo. El volumen recogía las charlas del ciclo de estudios sobre los Picos de Europa organizadas por el club gijonés con ocasión del centenario de la primera edición del libro-joya *"Deux excursions botaniques dans le nord de l'Espagne et le Portugal en 1878 et 1879",* de los autores Louis Leresche y Émile Levier. José Antonio Odriozola había sido ponente en aquella serie de conferencias y, por tanto, su charla fue recogida en la publicación del Torrecerredo.

Cuál no sería mi sorpresa cuando, leyendo la historia del Picu, al llegar a 1980 veo que yo había abierto una vía denominada *'De la Amistad'* y que mi colega Biafra era autor de la ruta *'Del Capricho'.* Ahora mismo, al redactar estas líneas, la historia me resulta entrañable y no puedo por menos que sonreír con ternura ante el tijeretazo del que fueron objeto en aquel momento los *apellidos* de ambos trazados.

Y es que me imagino a José Antonio repasando la información:

"Amistad sí, con lo bonito que queda, pero... ¿con el Diablo? No hombre, no, ¡esto no puede ser! Y 'Capricho de Venus'... ¿cómo que 'de Venus'? ¡'Capricho' y punto! Uno satánico y el otro... ¡un crápula!. ¡Ay, qué juventud ésta! ¡Y fíjate que se agarran bien a la peña! Nada, nada: seguro que, con el tiempo, cuando maduren, ¡me

lo agradecerán!". Algo así, debió pensar el lebaniego.

En septiembre de 2010, celebrando el treinta aniversario de las aperturas, *Biafra* y un servidor estuvimos rememorando esta anécdota. No vamos a negar que, en su momento, nos enfadamos bastante, pero hoy sólo nos trae buenos recuerdos. Es más, 'Nosferatu' hubiera podido ser *'La Vía de Nos'*. Hubiera quedado jesuítica del todo.

La vía la abrimos en cuatro días y con muy pocos seguros -tres en el largo más equipado-, formados por tornillos de diez milímetros. Perforábamos la caliza con un burilador de 9 milímetros y, al introducir un tornillo de mayor diámetro, éste quedaba fijado. El nombre, 'Amistad con el Diablo', lo tomamos del tema de los *Stones "Sympathy for the Devil"*, y es que éramos amantes de los *Rolling*, aunque también de Zeppelin. Cuando discutíamos la denominación, recuerdo que le dije a Christian que, si la bautizábamos en castellano, "simpatía" no quedaba bien. En cambio "amistad" era más recurrente. Las siguientes generaciones iban a hacer suya la ruta y seguro que durante muchos años la gente seguiría comprendiendo el origen del nombre. Je, je... ¡ganamos! Después de aquello vinieron nombres tan "rollingnianos" como 'Rescate Emocional'[8], 'Brown Sugar', etc. Pero ¡ojo!: todavía debemos una vía a Zeppelin.

(8) En 1981, José Rodríguez Pereira, Miguel Rodríguez y Nacho Orviz, abren en la cara sur de Peña Santa de Castilla el espléndido trazado del 'Rescate Emocional'.

Nuestros buriles aseguraron al personal durante más de veinticinco años, soportando buenos saques. La gente que rondaba la pared no daba un duro porque pudiéramos pasar en libre por el centro de la cara este y lo cierto es que, desde abajo, nosotros mismos no lo teníamos nada claro. Fue un ejercicio de concentración y de resistencia, parándonos en los pasos y taladrando en equilibrio, sin otros medios artificiales. Muchos amigos la describen como la vía más bonita de la pared. Yo estoy convencido de que su belleza viene del hecho siguiente: nosotros no la abrimos. La descubrimos, ya estaba allí. Lo que nunca se supo es el hambre que pasamos: apenas teníamos comida, quizás algún paso lo dimos por etéreos.

Eugenio Hevia Molina -quizás no os diga nada el nombre, pero si digo *el Galletas* cambiará la percepción-, un amigo que, entre otros, hacía cordada con Ramón Portilla, me recordó no hace mucho las tardes que pasábamos haciendo bloque en las piedras de la Vega Urriellu. En honor a la verdad, aquellos atardeceres fueron magníficos. Abrimos entre todos, un sinfín de pasos que fueron bautizados puntualmente. Es una verdadera lástima que, en su momento, no hayamos recogido los nombres: hoy nos reiríamos bastante.

Siempre me ha gustado Madrid, el de camino a la vendimia manchega y el de Tierno Galván: cuando los parques públicos eran campos base y el Puente de Toledo

Cara Este de Urriellu ▷

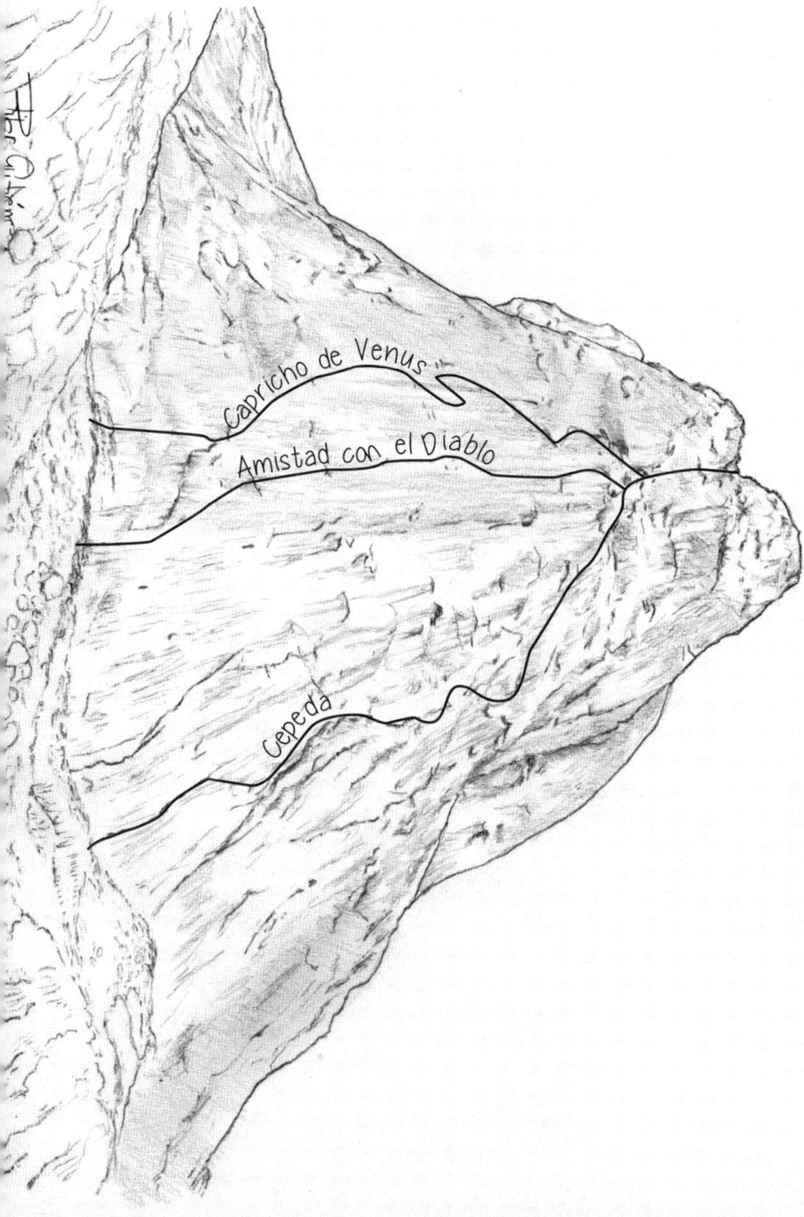

Capricho de Venus
Amistad con el Diablo
Cepeda

un rocódromo. Además, allí aprendí a bailar el chotis. En un *schottish* correctamente ejecutado se ha de girar sobre el espacio de superficie de un ladrillo o baldosa y siempre mirando al frente. Con una mano metida en el bolsillo del chaleco y con los dos pies juntos, el bailarín gira en redondo sobre las plantas de sus gatos. Cuando la vía lo exige, el chulapo -o la chulapa- da tres pasos hacia atrás, otros tres hacia delante y reinicia la escalada. Se puede aprender a bailar el chotis en las Vistillas, a la vera del Palacio Real, en la Pradera de San Isidro y, cómo no, en La Pedriza.

Sonó el cornetín de órdenes a franco de salida. El sol de la mañana alargaba las sombras de los antiaéreos en el patio de armas. El astro rey parecía ascender Arturo Soria arriba, derramando esa luz que sólo en Madrid es siempre primaveral aunque campe el invierno por sus fueros, y desde el norte, el viento de Castilla que venía rugiendo por las estepas de Castilla, se vuelva aún más frío tras remontar Guadarrama para cruzarte la cara con mil cristales helados. El cabo primero de guardia repitió el chiste:

"¿Qué, asturianos? ¿Otra vez de 'escalo'?"

La verdad sea dicha, una vez que se acostumbraron a ver el material de escalada en nuestras bolsas, jamás nos dieron marcha atrás en la revista. Y puedo jurar que, por entonces, la política imperante era crujir, por lo menos, a la mitad de los francos de paseo. No éramos la emperatriz de Lavapiés pero al menos había "cuartel". Esperaba a la puerta de la agrupación de Infantería de Marina Agustín Bastante. Hacia honor a su nombre, siempre estaba *a gusto*. A su apellido, lo dejaban corto unas espaldas de estibador que encuadraban ciento y noventa centímetros de humanidad. El hecho de que asentara sus reales en la madrileña plaza de Hércules, era simplemente una gozada ¿Dónde sino? El Gusti manejaba un Renault Fuego… a fuego. Lo juro.

Infeliz de mí, como buen piquista de la época, tenía mis peleas con las adherentes placas pedriceras. A pesar de ello, si me dejaban, elegía la M30 rumbo al Real antes de tentar al destino por la carretera de Burgos con Agustín pisándole al *raca* a doscientos a la hora en un incierto viaje al calizo paraíso de Patones. En fin, llegaron a gustarme los atascos. Eso sí, escalando ya no me quedaba miedo que pasar. Si el vuelo rasante era hasta La Cabrera, adrenalina tampoco.

El otro asturiano franco de salida era Miguel Riera. Lectores, ¿a cuántos de vosotros -a los carrozas digo-, os enviaron a la mili con el compañero de cuerda? A Miguel y a mí el destino nos la tenía jurada de antemano.

Por aquellos años, dentro de la fauna diversa que pululaba por las alturas, había una especie tétrica: los paramilitares. No hablo de los chavalitos de la OJE, ni de los pobres scouts, no, sino de auténticas bandas fascistas perfectamente organizadas y uniformadas: Guerrilleros de Cristo Rey y cosas peores. Vivaqueando en Vega Huerta en compañía de Miguel, a eso de las seis de la mañana y con gran extrañeza por nuestra parte, nos despierta una corneta. En aquel momento no supimos que era una premonición. Hete aquí que unos veinte lebreles, en perfecta formación, se marcan ante nuestras narices treinta minutos de instrucción en orden cerrado. Nosotros nos pellizcábamos el uno al otro mientras aquellos energúmenos, como fin de fiesta, cantaban el *"Cara al Sol"*. Era tal su devoción que hasta tenían un uniforme de *bonito* para la instrucción, que sustituyeron por otro de faena cuando terminó el espectáculo. Ni que decir tiene que plegamos velas y salimos disparados con "las gordas" -o *mochilámenes*- hacia la Canal del Pájaro Negro. Cuando reaccionamos debíamos estar a la altura de La Losa.

Precisamente por aquellas fechas -era 1981- y también en compañía de Miguel y de mi hermano Javier, me tocó una de miedo que paso a relataros. Aquella temporada estaba trabajando de guarda en Vegarredonda y, un día de semana, estando solos, nos retiramos temprano con la intención de, al día siguiente, salir de madrugada, hacer la cara norte del Requexón y regresar a la Vega lo antes posible para atender el refugio. Pasaban las doce de la noche cuando empezamos a oír ruidos en el exterior y a ver por las ventanas destellos de linternas. Hasta ahí, nada extraño. Lo que nos empezó a "mosquear" eran unos extraños ruidos guturales que iban en aumento y rodeaban el refugio -estamos hablando de la antigua instalación-. Aquellas luces alumbraban a través de las ventanas, pero nadie entraba ni hablaba. Ni siquiera picaban en la puerta. Escondidos ambos en los sacos, como los monos de Gibraltar, oigo que Miguel me murmura:

- *"Sal tú, Íñiguez, que para eso eres el guarda..."*

- *"Los cojones, Miguel: ¡va a salir su puta madre!"* -dicho en exclamación, pero muy bajo-.

Tras arrastrarnos por las literas hasta las mochilas para sacar el armamento pesado -las mazas de escalar-, dimos muestra de nuestro valor a toda prueba volviendo a escondernos en los sacos. Y así pasamos cerca de media hora, con las criadillas de corbata, escuchando retrepados aquellos extraños sonidos. Hasta que, de repente, una voz dijo:

- *"Hola... ¿hay alguien?"*

Era el monitor de una excursión compuesta por... ¡sordomudos! Los chavales habían dado el refugio por cerrado y ni siquiera se les ocurrió picar, menos mal. Como hacía buena noche, se quedaron rondando por la vega y por la fuente. Estaban aprendiendo a hablar y practicaban todo el rato entre ellos. Para nosotros, aquellos sonidos, escuchados desde dentro del refugio, resultaban desconocidos y bastante aterradores. Hasta que llegó el monitor, quien, lógicamente, venía cerrando el grupo. Eso sí, una vez desecho el entuerto, las risas a nuestra costa se oían en el Jou Santu. Nos hicimos buenos amigos y aquel verano visitaron el refugio en varias ocasiones.

Aquel mismo año nos fuimos a Ordesa Francis Bermúdez, José Rodríguez Pereira -¡cómo escalaban estos chavales!- y el que suscribe. Las cordadas trifásicas tienen su enjundia: está claro que, si quieres máximo rendimiento, dos van rápido y uno vuela -hablo de correr, no de caer, lector crapulilla-. Pero con tres patas haces un banco y encima te ríes el doble. De aquella, cuando escalábamos tres lebreles, nos repartíamos las vías en tandas de largos por riguroso sorteo, normalmente a la astilla corta. Nos dirigíamos a la 'Franco-Española', una vía que tiene dos partes muy diferenciadas, separadas por una gran cornisa intermedia: la Plaza de Cataluña. Debido a esto y a que nuestra intención era escalar más rutas, en esta ocasión rifamos sólo dos tramos. A mí no me tocó ninguno, aunque no creáis que las tenía todas conmigo. Evidentemente, tenía que recuperar el material, los cuatrocientos metros de vellón y, de propina, me había apuntado de primero para la escalada siguiente: la 'Rabadá-Navarro' al Espolón del Gallinero, que dicho sea de paso, imponía más que respeto. Tras recorrer la 'Franco-Española', nos tomamos un día de descanso y al otro enfilamos la pared. La verdad es que todo iba

Refugio de Urriellu en los años 50▷

saliendo rodado. Ya le teníamos cogido el punto a la roca y los largos, muy fisurados, permitían asegurar muy bien con los excéntricos. A pesar de ser tres, fuimos dando alcance a una cordada que nos precedía. Un par de largos bajo ellos, me di cuenta del porqué.

En aquellos años, cuando se instauró la república en la Vega Urriellu, convivían dos estilos de escalada. Nosotros, al ser muy jóvenes, nos habíamos adaptado muy bien a los cambios que consigo portaban los pies de gato y el libro de Meyer -inviértase el orden a discreción- pero a otras cordadas, de más edad, acostumbradas a escalar durante lustros al viejo estilo, en pura lógica, les costaba algo más hacer lo propio. Aunque ¡ojo!, que también funcionaban recias cordadas a la antigua usanza que rendían al ciento diez por ciento y manejaban los cantos de las *supercalcáreas* -las botas hiperduras, de moda a finales de los setenta-, que daba gloria verlo. En el lote, entraba la maza, los clavos y quizás también el concepto de vivac para ciertas vías. Ya saben vuecencias: si llevas material de vivac, vivaquearás. El largo clave de la 'Rabadá-Navarro' al Gallinero es un techo a media pared, a partir del cual la ruta se hace más llevadera. Sabía que, si no los alcanzaba antes del desplome, habríamos de esperar quién sabe cuánto tiempo.

Según me aproximaba a ellos bajo aquel obstáculo, vi que el primero de cuerda partía ya a encarar los pasos del techo. Al llegar a la reunión, su segundo, muy amable, me hizo un hueco. Unos tres metros a la derecha, un pitón, un universal, parece que me hizo un guiño. Chapurreando medio francés -eran gabachos- le di unos *mercís* y me largué a montar nuestro propio relevo. Triangulé un par de excéntricos y un bicoin y quedó una reunión más que apañada. Al terminar el montaje, me quedé unos instantes observando la maniobra del primer pirineísta. No me gustó nada. El largo de marras consiste en un techo que se recorre de diestra a siniestra a lo largo de unos diez metros en los que, a la vez, uno se va alejando de la pared vertical hacia su canto para rebasarlo en un punto débil. El hombre había renunciado a intentar cualquier paso en libre y había comenzado a pitonar. Para clavar lo menos posible, estaba utilizando la técnica de la doble cuerda, en posición de cigüeña en los estribos y traccionando a muerte sobre los seguros, para, así, sacarle el mayor partido posible a su envergadura.

Este tramo del techo se compone de una serie de estratos paralelos a la pared donde los pitones van todos boca abajo. Por eso, en este caso, y dado lo precario de la maniobra, es preferible ahorrarse cualquier tracción lateral añadida y limitar la carga al propio peso del paquete; *useáse: con el menda hay bastante* -que diría un castizo- aunque ello implique darle a la maza un poco más.

Les conté a Francis y a Jose lo que estaba observando y me dijeron -no se lo pensaron mucho, no- que estaban como Dios en la reunión de abajo. Por su parte, *Fransuá* iba decímetro a decímetro ganándole la partida al largo y metiéndoles unos meneos a los pitones *que pa qué*. Uno, que es bastante tranquilo en pared, se estaba poniendo a punto de ansiolítico. Además, aquella ferralla quedaba bastante lejos de entrar óptima, a pesar de los esfuerzos del arriesgado francés por colocar las piezas adecuadas. Pobre de mí: yo miraba a la cascada y… a los pinos, doscientos metros por debajo. Vamos, que no lo quería ver. Encima, los colegas me pedían que les radiara el encuentro. Y lo que tenía que pasar, pasó. Algo menos de un metro antes de la salida del techo, sonó "¡ping!" -con sordina- y luego ¡pluff!… ¡clanggg!… ¡blinggg!… Toda la puñetera escala diatónica de una cremallera alpina. Al segundo pitón arrancado, el galo se dio la vuelta y entró en barrena cabeza abajo. Y esto para los teóricos que dicen que cuando uno cae no grita: metió un bocinazo en *gabacho*, en si bemol, que aún me duelen los tímpanos. El tío se separaba de la pared y los seguros seguían saltando. Vi a su compañero *estrapallarse* contra la reunión. Aseguraba con placa al arnés. De pronto, un pitón pareció detenerle, pero era mentira… ¡painggg! En ese momento os juro que pensé que se iba todo a tomar viento y, lo que somos los humanos, fui consciente de que no estaba anclado a su reunión. Lo siguiente fue ver al pobre chaval, pálido como un fiambre, pendulando en el vacío, paralelo a la pared, con un periodo de unos diez metros por detrás de ambas reuniones. En total, un hermoso *chute* de unos veintitantos metros.

Cuando la cosa empezó a sosegarse, yo tenía los nudillos blancos de apretar las cuerdas de mi anclaje.

Pensé en todo momento que, después de aquel *saque,* se iban a retirar. ¡Nanai del peluquín! La verdad, aquellos recios los tenían bien puestos: se intercambiaron la cabeza de la cordada, "*...le jour de glorie est arrivé"* y, de nuevo, embistieron la peña.

Nosotros, ante las expectativas abiertas, pusimos pies en polvorosa y comenzamos a rapelar. La vía, en esa primera parte, tiene varios flanqueos. Tras el primer tramo, hasta donde se encontraban mis compañeros, el descenso se hacía fuera de vía. Pero a unos cien metros del suelo se atascó una cuerda y no hubo manera de destrabarla. Sin maza -no llevábamos pitones- y con maromas de cuarenta metros, no quedaba más remedio que subir a por ella. Era una zona desplomada, casi inescalable en libre. Afortunadamente, habíamos recuperado prácticamente todo el metraje y pude asegurarme al menos a una de las cuerdas. Prepare unos prusik y comencé a ascender por la cuerda trabada, colocando lo que podía para asegurarme a la otra. Trabajosamente, remonté el largo y llegué a un pequeño techo desde donde se apreciaba lo que había ocurrido tres o cuatro metros más arriba: habíamos montado el rápel sobre un excéntrico de cable, simplemente a unos cinco centímetros de pasar por el mismo, el extremo encintado de la cuerda se había atascado en una pequeña fisura. Era absolutamente increíble que los chicleos producidos al ascender por los nudos autobloqueantes no la hubiesen soltado. Con el día que llevaba a cuestas, decidí que ya estaba bien y en vez de seguir remontando a prusik le eché valor y salí escalando en libre. En aquel momento, al descargar el peso, como si fuese una víbora, la cuerda se liberó sola; le faltó silbar. El cabo quedó colgando del arnés a través del nudo blocante y en aquellos tres metros hasta el empotrador gasté la adrenalina de la década. Eso sí, acertamos, cuando tomamos tierra -¡Alá el Grande y el Misericordioso!, que diría *el Christian*-. Aquellos valientes, *les enfants de la Patrie*, aún se daban de leches en el techo.

Volviendo a la Vega de nuestros afanes, la del Urriellu, en una tarde que, como era costumbre, estábamos haciendo boulder y fumando unos trujos, aparecieron tras un banderín los componentes de una banda de parecido pelaje a la antes citada. En geométrico círculo, en cuyo centro colocaron un mástil -sí, sí, subieron a Urriellu con un mástil de madera- izaron la bandera de la orden y montaron las tiendas. Justamente unos veinte metros por debajo del emplazamiento actual de la fuente. Pero ¡ay, amigos! En esta ocasión, no se fueron de rositas. *Biafra*, que aparte de dar unos extraordinarios conciertos de flauta travesera al atardecer era, y es, un artista con el lápiz, dibujó una bandera con la leyenda *"Maracas Group"* -en breve sabréis lo que significa- y el dibujo de una calavera y unas tibias cruzadas, en el que la primera llevaba una hipertrompeta entre los dientes. A eso de las tres de la madrugada nos colamos en el centro del campamento enemigo y les dimos el cambiazo.

Refugio de Urriellu en los años 80▷

Pilar Gutiérrez

No veáis la que se armó a la mañana siguiente. Se daba la circunstancia de que se encontraban en el refugio unos números de la Benemérita a los que aquellos energúmenos, presa de la mayor indignación, se dirigieron para reclamar el pabellón y denunciar la terrible afrenta sufrida. Nuestros amigos verdes pasaron olímpicamente del tema y el ejército de Pancho Villa abandonó la Vega con el rabo entre las piernas. Y sin enseña, por supuesto.

En el invierno de 1974, durante la apertura de la 'Directísima' por parte de los Murcianos, recibieron éstos la colaboración del *Maracas*, montañero gijonés del barrio de La Camocha y de su amigo Julito. Eran como el punto y la "i": *Maracas*, alto y apuesto, con gran éxito entre las féminas. Julito, pequeño y bravo, aunque no precisamente tocado por Apolo. Por cierto y hablando de pequeñines: la primera vez que cayó en mis manos *"El Señor de los Anillos"* fue gracias al murciano Miguel Ángel García Gallego, que lo había porteado a Urriellu; y recuerdo que Miguel Ángel odiaba a Frodo Bolsón, deseaba con toda el alma que se lo comiera un orco. En 1980, oí contar al murciano uno de los porteos en los que participó la pareja *Maracas*-Julito, cuando en el año de gracia de 1974, en medio de una gran ventisca, subieron a Urriellu por la vertiente de Camburero. La puerta del refugio estaba soldada por el hielo y el amigo *Maracas*, en condiciones polares, llamó picando con el piolet. No sin esfuerzo, Miguel Ángel les abrió y, al ver el aspecto de los interfectos, exclamó:

- *"¡Coño, el Yeti!"*

A lo que, ni corto ni perezoso, contesta el gijonés:

- *"¡Nooooo!: ¡¡¡el Maracas!!! Y aquí, Julito: ¡alpinista, marinero y jugador de frontón!"*

Esta anécdota caló tan hondo que, durante todo aquel verano, *el Maracas* triunfó en la Vega: todos éramos *"alpinistas, marineros y jugadores de frontón"*. La verdad es que *frontón* para jugar, había bastante...

El primer ocho del que tengo memoria me lo regaló Christian Marín en 1980 y lo perdí al año siguiente bajo la Tercera Torre de Cebolleda. Se me escurrió de entre las manos y desde la brecha entre la Segunda y Tercera Torre se fue a dar un paseo hasta el Jou Lluengu. Aterrizaría el pobre en Fuente Prieta. Era más raro que un perro verde: de acero inoxidable, del tamaño de los actuales, pero de una sección de unos cuatro milímetros. Viene esto a colación de lo siguiente: aunque de aquella ya pululaban las placas freno -a precio de oro- los indigentes asegurábamos y rapelábamos con el dinámico y no pocas veces al hombro, por lo que el ocho, de costo bastante asequible, se convirtió en pocos meses en una panacea para el personal. Las vías de la cara este del Picu, con los distanciados que aún hoy conservan, recibían su cupo de caídas con regularidad y, en más ocasiones de lo deseable, pillaban despistado al asegurador. Habitualmente, la noticia llegaba al refugio en comentarios así:

- "En el 'Capricho' bajó uno veinte metros".

- *"¡Joder! ¡Vaya chute en la 'Amistad'!"*

- *"Tito: baja un chaval que se 'encendió' en la 'Cainejo'".*

Normalmente la sangre no llegaba al Jou Lluengu, pero Tito, que no daba puntada sin hilo, ya iba preparando el mercurocromo. El que se había caído venía pálido, compungido, pero intacto. En cambio, el pobre e inocente asegurador traía las manos quemadas por las cuerdas. Sin embargo, no soltaban: se abrasaban los dedos hasta el hueso, pero paraban los vuelos; diez metros tarde, eso sí. Para más *inri*, en no pocas ocasiones, ya en la salida de La Celada, se oía la bronca que le venía cayendo al asegurador por parte del asegurado:

- *"¡Tío, lo que no se puede hacer es estar asegurando y liando canutos! ¡Hay que estar al loro!".*

- *"¡Joder, ya te dije que metieras algo! ¡Aaaah! ¡Ayyy!".*

- *"¡¿Qué hostias iba a meter, si estaba más liso que el culo de una mona?! ¡Vaya cabronazos de aperturistas!".*

- *"¡Aaaaaaah... Ayyyyyyy!".*

En fin, otro de los extras que incluía el ocho era el

kit de peluquería. Las melenas al viento eran comunes en la época y en la sur era más frecuente de lo que podáis imaginar ver a un pobre hombre lanzando alaridos y blasfemias en medio de un rápel, con el cuello girado al límite de la rotura cervical, las greñas trenzadas en las cuerdas y pasadas por el diabólico invento.

Por otro lado, aunque parezca increíble -y vive Dios que el Ángel de la Guarda trabajó a destajo-, en aquellos tiempos se batieron todas las marcas de descenso por La Celada. Teníamos la deplorable costumbre de salir del refugio con los pies de gato puestos -en especial, la gente que entraba en *la tapia*: la cara oeste- por lo que el descenso también se hacía con el mismo calzado, a no ser que un buen samaritano te subiera las botas o, al menos, unas zapatillas a la base de los rápeles de la cara sur. Y es indudable que había más nieve que ahora, incluso bastante avanzado el verano de modo que, entre el cansancio y aquello de que ya estaba hecha la actividad, despiste, patinazo y... al fondo del Jou. Siempre me dio la impresión de que cuando les pusieron tacón a los Super Gratton -benditos sean- lo hicieron pensando en los pirados de la Vega Urriellu.

El cuarto jinete de la cara este: el traidor del *Rompetobillos*. Se ha hecho más famoso que la Gran Travesía. Aparecía cuando te sentías más contento que unas castañuelas y más feliz que una perdiz, pensando que todo estaba hecho. Último largo de la 'Cepeda' y... ¡¡¡zas!!! Escayola para dos meses, si había suerte. Es más, durante un tiempo no hubo absolutamente nada protegiendo el paso. Recuerdo que, a veces, "aseguraba" el pasaje metiendo un bicoin del uno, justo por debajo, a la salida de la reunión. Por eso, cuando el inmortal maestro Pedro Udaondo, durante la primera reunión que sobre restauraciones se celebró hace ya unos cuantos años en la aldea de El Llano, en Quirós, nos contó que su cordada, durante la primera ascensión, no había salido escalando por ese paso, se nos quedó una cara de tontos que algunos todavía conservamos.

Me resulta imposible cerrar estas historias sin esbozar un par de apuntes. La primera vez que subí a 'La Santa Peña'[9] fui objeto del tratamiento adecuado. En Vegarredonda, mis maestros, se encargaron de reforzar mi mochila con unos *kilillos* de más: en caliza carbonífera. Uno, que era un absoluto indocumentado, ni se enteró. La cuestión no era que la mochila masara más, algo obvio, sino que el aumento de peso fue asumido por parte de aquel pobre infeliz como si se tratara de cansancio o incompetencia. Cuando en el viejo vivac del Jou Santu deshice el macuto, cuadraron varias cosillas que me habían preocupado camino de las Barrastrosas arriba: comentarios y sonrisillas varias, todo a destiempo desde el punto de vista del pardillo, o sea yo, claro. No quisiera apostar, pero serían seguramente seis o siete

(9) Se cuenta del maestro Pedro Udaondo que harto de una discusión toponímica sobre las denominaciones: Torre Santa o Peña Santa, de Castilla o de León, sentenció: "Bueno, pues yo me voy a escalar '*La Santa Peña*'.

quilos de puro carbonífero. A la mañana siguiente, me maltrataron por el espolón norte abriendo una variante que se desconoce -no está transcrita- la misma panda de hijos de la gran chingada que me habían puesto a prueba el día anterior. Aquellos días aprendí lo que debía y encontré sentido a una frase que siempre repetía Simón:

"La montaña es dura pero hay que organizarse"

Allá, a finales de los setenta, cuando nos cobijábamos a la sombra de la Sociedad Cultural y Deportiva "Les Madreñes" y del "Ski Club Alpino", ambos de Gijón, éramos unos críos. "Les Madreñes" tenía la sede en la calle Ruiz Gómez, justo enfrente de "Casa Paco", aquella memorable taberna en la que amplios sectores de la progresía de la época regaban con mistela sus encendidas tertulias políticas. Allí se vivía el período de la transición con una vehemencia y una pasión que hoy serían inconcebibles. Y, en aquel ambiente, unos cuantos amigos fuimos contagiados por el virus de la escalada: Villamil, Luismi *Cuartuquilo*, Francis, Paco *el Veneno,* Torres…

En aquellos días, el material de montaña no sólo era escaso, sino muy caro para nuestros pobres medios. Dicho de otro modo, éramos indigentes funcionales. Por esta razón, debíamos hacernos socios de algún club que dispusiera de, al menos, cuerdas, arneses, mosquetones y clavos. Y tuvimos mucha suerte porque, material aparte, nos encontramos con unas personas excepcionales:

Vicente Simón, Luis Rubio, Miguel Rodríguez, Jose *Pereira*... Gracias, en gran parte, a sus consejos, en pocos meses experimentamos una evolución que, por nuestra cuenta, hubiese requerido años, y seguramente alguna desgracia. Pero lo más emocionante es que, mucho tiempo después, aún sigamos en la brecha: aquel virus nos inoculó una enfermedad incurable, una pasión que se hizo crónica.

Como antaño, seguimos partiendo del vivac con las primeras luces. En la mochila de ataque aún cargamos el peso de la emoción, la misma inquietud que precedía el inicio de las escaladas de juventud; ese sentimiento que solo desaparece una vez metidos en harina, mezcla de ilusión por la anhelada cumbre y de miedo a los pasos duros reseñados en los croquis. Esos pasajes repasados una y mil veces sobre el papel y que, más tarde, en la realidad, casi nunca coinciden con lo que nos hemos imaginado. La vida misma.

Cuerdas y alianzas

A Javi, *Moreno*

"El mejor escalador del mundo
es el que más se divierte escalando".
Alex Lowe

La tensión de la señal telegráfica percibida a través de la cuerda convierte en frívola cualquier comunicación verbal. Hace un rato que no ves al compañero, ha desaparecido tras un desplome, pero sabes que está preparando la reunión. Esto es fácil de calcular, ya que casi no tiene cuerda y debe de estar recogiendo el último medio metro. *"Ya se ancló"* -piensas un segundo antes de oír su voz-. *"¡Suelta!"* Está preparando tu aseguramiento. Un instante después, te lo imaginas con el cigarrillo en la boca y tú, sin esperar su permiso, comienzas a retirar los anclajes. Desde arriba te llega una nueva orden: *"¡Sube!"* Correcto, en tiempo y forma.

No conoces el largo pero, en cambio, tienes claro lo que te vas a encontrar. Lo has deducido de la velocidad con la que, minutos atrás, las maromas corrían entre tus dedos, de la media docena de instantes en los que no se deslizaban y del silencio absoluto de tu camarada a lo largo de toda la maniobra. Un largo fuerte. Fijo. Y no te has equivocado. Como segundo, le das caña, llegas resoplando a la reunión, levantas la cabeza y ves a un tipo que te mira masticando media sonrisa de filibustero:

"Buf, ¡vaya tirada que me está esperando!"

Las cordadas, las de dos, son como los matrimonios. Por eso hay escaladores que eligen la soltería. De los *picaflores,* hablaremos en otra ocasión. Uno, que se ha trabajado a pulso la argenta del conyugio, lo tiene claro: habría que escuchar la opinión de la *matronal.*

Alguien dirá que exagero, por lo que no quiero cargar las tintas, pero he visto lo mismo en las paredes que en las cafeterías: broncas inhumanas y verdaderos actos de amor. Algún crápula estará pensando mal -o bien, depende cómo se mire-.

El rendimiento de una cordada se basa casi al ciento por ciento en la compenetración, aunque sin olvidar una cierta dosis de tacto: no hay ninguna necesidad de preguntar al compañero de cuerda qué es lo que hacía durante aquellos veinte minutos en los que estuvo -bajo cierto pasaje- farfullando improperios.

La evolución de cada uno y su avance en la superación de la dificultad probablemente exija que, a lo largo del tiempo, uno u otro de los dos escaladores esté por encima del compañero en rendimiento. Pero a las cordadas veteranas esto les da lo mismo: en general, sólo quieren divertirse.

Es curioso notar cómo los miembros de las grandes cordadas se complementan tanto en el físico como en el carácter. Estoy seguro de que más de uno ya tenéis en la cabeza las imágenes o los textos de Rabadá y Navarro, Landa y Udaondo, Anglada y Pons, Boardman y Tasker, Messner y Habeler, Lachenal y Terray... Pero es aún más sorprendente que, desaparecidos en combate aparte, todas se suelen romper tras unos años de actividad.

Al leer esto los crápulas ya estarán pensando que eso es lo normal, ya que el fin natural del matrimonio es el divorcio. Y quizá no les falte razón. Un buen amigo -no vamos a citar nombres- me preguntó una vez con acento de extrañeza:

"¿Cómo te llevas tan bien con ese tío?"

A lo que le respondí: *"Pues, mira, es que nunca me encordé con él"*

Si se realiza un análisis sosegado, se observará un hecho bastante habitual: dejando a un lado los problemas estrictamente personales, la ruptura de un equipo suele producirse tras la consecución de un objetivo excepcional. Cuando esto ocurre, tanto los alpinistas amateurs como los profesionales se plantean casi inmediatamente otro reto y, en muchas ocasiones, no coinciden los proyectos. Aparece un cruce de caminos.

El *summum* de la compenetración, la cordada que rayó la perfección a lo largo de la historia del alpinismo, puede ser que haya sido la de aquellos que en su tiempo fueron llamados "las locomotoras de los Alpes": Louis Lachenal y Lionel Terray. Se conocieron en una cafetería. Era 1945, Terray disfrutaba de un permiso, paseaba por Annecy y, mientras esperaba al ferrocarril… Pero dejemos que lo cuente él mismo:

"[...] Un joven pobremente vestido, que con una mano empujaba una vieja bicicleta y que llevaba una lechera en la otra, se me acercó y, sin ninguna discreción, me preguntó: '¿No es usted Lionel Terray?'. Su cara pálida y delgada, en la que brillaban dos ojos muy vivos, me era desconocida. Además, su mal aspecto me hizo pensar por un momento que se trataba de un parado...".

Amor a primera vista. ¿O me vais a decir que no?

"[...]Le invité a tomar una cerveza en un bar que estaba cerca de la estación. Lachenal era más bien hablador, de un temperamento vivo y curioso y su conversación era rápida y cargada de un gran sentido del humor... Yo alabé la vida apasionante que llevábamos en el frente de los Alpes, pero él, con un ligero acento de la Suiza francesa y usando un rarísimo vocabulario expresó con gran vehemencia que le horrorizaba la guerra y el ejército[...]".

¿Os imagináis el *careto* de Terray?

Lachenal, que en los ratos libres aprendía de un amigo el oficio de zapatero, saca de un morral una vieja zapatilla de tenis, reforzada con cuero para escalar y le espeta a Terray, que en ese momento debía de estar fascinado con el personaje que tenía frente a su cerveza, lo que sigue: *"¿Podrías encontrarle una compañera?"*

"[...]Tras ese primer contacto, Lachenal no me sedujo nada[...]".

Mentira, Lionel: ya estabas en *el bote.*

Lo demás, ya lo sabéis: durante más de una década, ese par de dos arrasaron allá por donde aparecieron, pulverizando horarios y revolucionando la alta dificultad de la época. Algo muy triste fue la desaparición de ambos en sendos accidentes.

En fin, como en todo, la condición humana también rige las relaciones entre los miembros de las cordadas. Hay que cuidar al compañero como a la esposa. Hummm... adivino que ahora el crápula está pensando en las cordadas mixtas. Son arenas movedizas, amigos: entrar en ese pantano es para matrícula de honor. Otro día.

El cuarto del material

A Mon

"No estamos buscando aquello que los utensilios pueden hacer por nosotros, sino lo que podamos conocer y sentir directamente sin su ayuda".

Yvon Chouinard: *Técnica de Hielo*

Llevaba unos meses con la mosca detrás de la oreja: oía ruidos extraños en el cuarto del material. Un día decidí dejar puesta una grabadora y mirad lo que obtuve:

- *¿Estás ahí, Mezzo?*

La pregunta, susurrada en la oscuridad, rompió el reposo en la habitación. Un olor a cuero viejo perfumaba la estancia.

- *Sí.*

- *Estaba pensando... ¿Te acuerdas de cuando nos conocimos?*

- *Pues no. Aunque parezca raro, la cuerda, a veces,*

no se acuerda.

- Ahora que lo dices, no me extraña. Aún no sabías hablar castellano, ¿verdad?

- No.

- A mí me parece que fue ayer. ¿De verdad que no recuerdas nada?

- ¡Que noooo, plasta!

- Pues fue en Ubiña. En el Tercer Castillín.

- Yo sí lo recuerdo -respondió el mosquetón Bonatti-.

- Y yo -dijo el clavo Kerr-. *Aún me duele la cabeza. Aquel día, la yankee me dio una buena tunda a maza martillo. Me dobló el ojete.*

- Era mi obligación. Además, el tarro lo tienes duro, cabezón -terció la maza Black Diamond, alias *California*, bastante bruta y narigona ella.

- No me extraña que os acordéis, Kerr: aquel día trabajasteis a destajo.

- Por lo menos, en tres reuniones.

- Y en un largo estuvimos todos juntos... -recordó,

poniéndose nostálgico, el viejo mosquetón-.

- *Lo que pasa, Mezzo, es que estabas muerta de miedo...*

- *Sí, claro y vosotros no. ¡Anda que no cantaba Kerr! Y las gemelas Galibier. La 'moto' que os entró a ti y a tu hermana en el largo de la travesía fue de competición.*

- *Sin comentarios* -murmuraron las botas a un tiempo-.

- *El único que estaba tranquilo era Bonatti. Como a él le daba igual ocho que ochenta...*

- *A mí ni me menciones* - dijo Simond, el Ocho- *que menudos calentones me hacías pillar. Si no fuera por mi menda, Alfredo te hubiera seguido estrangulando con aquello que te hacía... ¿cómo se llamaba?*

- *Je, je. El dinámico, ¿eh, Bonatti?* -mentó Cassin, el arnés de cuerpo entero elegante como un esmoquin-.

- *¡Uff, no me hables! Una vez casi te escurres, Mezzo.*

- *¡Claro manguán! Te abriste de gatillo.*

- *Sí claro, me abrí yo solo, por ciencia infusa...*

Panorámica de Ubiña desde el refugio Meicín ▷

- *¡Mira que sois pesados como plomos!*

- *¡Mentira! ¡Los plomos somos ligeros!* -cantaron a coro y un poco ofendidos todos los copperheads, interrumpiendo a la mochila-.

- *Y pensar que os llevé a todos en mis entrañas. Menos mal que ya estoy jubilada y no tengo que cargar con vosotros* -terció la vieja Altus-.

- *¡Demonios! La que faltaba: la 'Gorda', la reina de la mojadura. En cuanto caían cuatro gotas te empapabas y yo me pasaba una semana tirada por el pasillo, con gripe y encima oyendo protestar a María José, la madre de Alfredo. Menudo dolor de cabos. Así me he quedado, con este mal color y "esta reúma" que me apelmaza* -arguyó Mezzo, la cuerda-.

- *La verdad es que Alfredo era un poco torpe* -apuntó Kerr, el clavo-. *Cuando descubrió que había que colocar una bolsa de plástico en la mochila, ya me había oxidado. Si es que no se puede salir al monte con aprendices. Además, en cuanto creen que saben cuatro cosas y después de habernos machacado a conciencia...*

- *Je, je...sobre todo a ti* -interrumpió California-.

- *Después de habernos machacado a conciencia, digo, pues... ¡hala!* -siguió, el clavo- *material nuevo y... ¡a fardar! Y a nosotros que nos zurzan.*

- ¿Cómo que a fardar? Lo que ocurre es que no estáis a la altura de los tiempos. Recordad estos términos: polivalencia y efectividad. Eficacia y ligereza ¡Carrozas! ¡Retablos! La evolución de las dificultades exige nuevos materiales.

Quien así habló, era Alien, el *friend.* Todo un petimetre.

- Nuevos materiales, nuevos materiales... Pero ¿cómo se puede ser tan tonto? ¿De qué vas, monstruito? Sí no sabes a qué fisura quedarte. Mira, listillo: ¿sabes lo que es el Rompetobillos? Bueno, tú qué vas a saber, si te pasas el día engrasándote las levas y atusándote el gatillo. Pues era un pasaje que no tenía nada, pero a mí me ponían a trabajar nada más salir de la reunión ¡¡¡Y se fiaban de mí!!! Y todavía me siguen llevando de excursión. ¡Siempre! Pero a ti y a toda tu raza os miran de reojo. Sí, sí... Mucho 'friend', mucho 'amigo' pero, en cuanto ven un puente de roca, van de cabeza a por él. Y vete preparándote, lumbrera: acaban de salir unos cacharros que cada uno hace tu trabajo y el de tus cuatro hermanos. Y, encima, es de tu misma puñetera especie. ¡Para que te fastidies!

Como veis, el pequeño de la familia Bicoin tiene muy mala leche.

- Pues nuestro abuelo se va al monte con Alfredo de vez en cuando... -dijeron a un tiempo los jóvenes Charlet

con sus afiladas cuchillas-.

- *Es que vuestro abuelo sabe mucho de montaña* -afirmó Gabarrou, apoyado en el regatón-.

- *Gracias hijo* -contestó el anciano piolet, patriarca de la saga Charlet-Mosser-. *Mientras el mango aguante a la polilla...*

- *Dejaros de batallitas* -insistió Alien-.

- *No te confundas Robocop: ¡el que escala es el paisano, no el material!* -sentenció Taco, el filósofo de madera, que era huérfano, el pobre-.

Lo dijo desde la esquina más escondida de la habitación, como el arpa de Bécquer.

Llegados a este punto, ejem... el caso es que me quedé sin pilas y no pude grabar más. Pero pienso repetir el experimento: me gustaría saber qué piensan los crampones.

Chicas

A Carmina Suárez

"Contra todo viento, cual piloto experto;
sé arrostrar las iras del mar y del viento;
las venzo; mas luego que quedan serenas
¿De qué me ha sabido el saber vencerlas?
Fuerza es que me lance a luchar de nuevo;
sólo contra escollos luzco mi talento".

Walter Scott: *El pirata*

Albanis Beaumont perteneció al séquito del duque de Gloucester, quien en el año 1786 viajó hasta más allá del Brennero, encontrándose en la región con una misteriosa roca caliza. Déodat Tancrède de Dolomieu, mineralogista francés y estudioso de la geología alpina, envió pocos años después unas muestras de la roca al profesor de Geología Théodore de Saussure, que ejercía en Ginebra, para que las catalogara. También le dio instrucciones para que, en honor de Horace-Bénédict de Saussure, padre del mineralogista e impulsor de las primeras ascensiones al Mont Blanc, denominara al nuevo mineral como *saussurita*. En una elegante y plástica decisión, el joven geólogo ginebrino redactó un informe para el *Journal de la Physique* y bautizó el mineral con el nombre de *dolomita*, sellando para siempre el apelativo de unos fascinantes macizos que, de haber prosperado la sugerencia de Tancrède, bien podrían haberse llamado Alpes Saussuritas -o, de modo abreviado, "Los Saussuritas"-.

La Marmolada, con sus 3.344 metros, es la elevación más significativa de las montañas dolomíticas -otros dieciocho picos superan allí los 3.000 metros-. La cumbre fue ascendida por vez primera el 28 de septiembre de 1864 por Paul Grohmann, quien lo hizo en compañía de los guías de Cortina D´Ampezzo Angelo y Fulgencio Dimai. Casi treinta antes, en 1837, el editor londinense John Murray había publicado una *"Guía de Viajeros por la Alemania meridional"* que, anticipada a su tiempo, describía las montañas del Tirol y Austria occidental sugiriendo excursiones, en diligencia o a pie, para un mes, seis semanas o, incluso, dos meses de duración. Entre otros aspectos novedosos, la guía resaltaba tanto los miradores más notables como los lugares propicios para el estudio de la geología, pero fue en 1864, el mismo año en el que se conquistó La Marmolada, cuando un libro, *"Las Montañas Dolomíticas: Excursiones por Carinthia, Carniola y Friuli"*, publicado en Londres y traducido al año siguiente en Alemania, iba a revolucionar el conocimiento y la difusión del, hasta entonces, casi desconocido macizo. Sus autores, Josiah Gilbert y G. C. Churchill, eran geólogos, botánicos y alpinistas y, como no podía ser de otra manera, miembros de la Sociedad

Geográfica de Londres y del Alpine Club.

Sin embargo, el espaldarazo definitivo a la afición por estas montañas llegó desde un ámbito inesperado en aquella época: el femenino. En 1873, la escritora norteamericana Amelia Edwards publica en Londres *"A midsummer ramble in the Dolomites"*, un volumen ameno, inteligente y cuajado de anécdotas, que obtiene un gran éxito. El libro supera ampliamente a su precedente inmediato y es reeditado veinte años después con el título *"Untrodden peaks and unfrequented valleys"*. Amelia, por alguna hay que comenzar, era una viajera y lo era con mayúsculas. Estamos en una época en la que arrancar con una maleta y subirse a un tren o a un navío, constituía una auténtica y sustancial aventura, una empresa muy alejada de las excursiones infantiles que algunos impostores intentan vender en nuestros días como hazañas -consiguiéndolo en más ocasiones de las que sería deseable-.

En fin, esta señorita, a la cual la historia recuerda como la primera egiptóloga, se pateó Los Dolomitas de arriba abajo. Lo hizo con una compañera y amiga, Lucy Renshawe, a quien siempre apodó "L". Tenían ambas un arraigado espíritu aventurero y abominaban del turismo de masas. Su recorrido dolomítico lo hicieron solas, sin guías, espoliques, ni ningún otro tipo de apoyo externo. De ahí que sus sabrosas anécdotas y experiencias, una vez transcritas al papel, constituyeran un éxito sin precedentes en la apasionante literatura de viajes decimonónica. Un año después de aquel viaje y, casi por casualidad, Amelia pone rumbo a Egipto. La pasión por la tierra de los faraones surgida tras aquel primer contacto prendería definitivamente en ella y ya no la abandonaría durante el resto de su existencia. Esta circunstancia la iba a convertir en una verdadera experta y en la única egiptóloga de la época. Y, aunque no fue estrictamente alpinista -de haberlo sido no se podría considerar como una de las pioneras, ya que otras la precedieron-, sí lanzó a los cuatro vientos la belleza y las cualidades alpinas que para la práctica deportiva ofrecían Los Dolomitas, unas montañas que, en los siguientes años, alcanzarían enorme protagonismo en el desarrollo técnico del alpinismo y, sobremanera, en sus facetas más acrobáticas.

A mediados del siglo XIX, junto al voto para la mujer, las primeras sufragistas reclamaron también una reforma del vestido femenino. Entre sus detractores se hizo fuerte la idea de que lo que querían era usurpar el poder masculino y hasta su vestimenta y esto hizo que muchos hombres temieran -algunos juraría que lo siguen temiendo- que las mujeres llevaran pantalones, argumentando que empezarían a actuar como hombres y querrían alcanzar derechos que eran propios y naturales de la condición masculina. Sin duda, ese fue el motivo por el que, hasta bien entrado el siglo XX, a la dificultad propia de las ascensiones, las alpinistas tuvieron de sumar el lastre de arrastrar consigo enaguas, faldones y pololos.

Le corresponde al Club Alpino Francés (CAF)

el indudable honor de haber contado con las chicas ya desde su misma fundación, en abril de 1874. Es asombroso que, dados los estereotipos y prejuicios de la época respecto a los supuestos valores masculinos del alpinismo y las connotaciones atribuidas *científicamente* al sexo femenino, el CAF defendiera desde sus inicios el carácter mixto del club. A partir de esa decisión, inspirada claramente en los principios republicanos franceses, comenzarían nuestras compañeras de deporte a mantener un equilibrio entre concesión y transgresión, accediendo en nombre de la higiene, la educación y el deporte a una práctica física, cultural y moral, innovadora para su género, en la que muy pronto darían cuenta de su poderío.

Comenzaba el siglo XIX cuando una sencilla criada de una hospedería de Chamonix fue literalmente arrastrada hasta la cima del Mont Blanc por sus vecinos guías, que vieron en tal calaverada un excelente método de lucro. En diversas fuentes figura la fecha del 14 de julio de 1808 aunque, si le damos crédito a Alejandro Dumas, esta ascensión ocurrió en 1811. Cuenta el escritor que, durante una estancia en Chamonix, su guía, de nombre Payot, le presentó a Marie Paradis, quien le relató el ascenso que había realizado al techo de los Alpes y, de modo especial, su penosa llegada a la cumbre, casi desvanecida en los brazos de Jacques Balmat y otro *chamoniard*.

Dicha ascensión no tuvo apenas repercusión, dando al traste con las intenciones de los guías de hacer famosa a Marie y ricos a ellos mismos. No ocurriría lo mismo en la década de los treinta, cuando Henriette d'Angeville, más tarde apodada *la novia del Mont Blanc* -en principio, con muy mala leche- pisaba la cima. Esta ginebrina, cuyo abuelo probó el filo de la guillotina y su propio padre la prisión, cambió el tormentoso mar de la política por las borrascas de la alta montaña y, allá por septiembre de 1838, saludó al mundo desde la cima del Monte Blanco. Contaba ya 43 años, pero lo que resulta aún más extraordinario es que hubiese comenzado a escalar en los macizos calcáreos de su Ginebra natal con tan sólo diez años de edad y que, durante los veinticinco posteriores a su conquista del Mont Blanc, continuase hollando cumbres hasta lograr veintiún cimas, incluida una invernal con raquetas al Signal de Retord, en el Jura. Cuando remata su carrera ascendiendo al airoso Oldenhorn, en los Alpes Vaudoises, está sólo a un año de cumplir los setenta. Alegre, intuitiva y muy inteligente, jamás hizo lo que de ella se esperaba. En 1848, un impresentable -incluso para la época-, Louis Hermenous comentaba así la ascensión de Henriette al Mont Blanc:

"Una tontería de mujer. Mademoiselle d'Angeville, una bromista insufrible que nunca ha soportado las marchas del Himeneo, se divierte ahora con las virginales al Mont Blanc"

En fin, el párrafo se comenta solo.

Nuestra admirada colega aún le haría un guiño a la

historia del alpinismo al dejar el mundo que le tocó vivir en 1871, cediendo así el testigo a Lucy Walker, quien en esa misma fecha se convirtió en la primera escaladora del Cervino.

Walker, hija de un comerciante de plomo de Liverpool, había nacido en 1836. A los 22 años y por prescripción médica, comenzó a escalar montañas como cura a un incipiente reumatismo. Fue, sin duda alguna, "uno de los mejores escaladores" del siglo XIX. A la ascensión al Matterhorn antes citada, sumó las primeras femeninas al Fisteraarhorn y a la punta Dufour del Monte Rosa, todo ello en 1862, año en el que también alcanzaría el Mont Blanc. Otras cimas que se añaden a su impresionante lista son el Balmhorn -una primera absoluta, lograda en 1866-; el Lyskamm (1868); y el Piz Bernina (1869). En el Oberland Bernés destacan sus ascensiones al Weisshorn y al Wetterhorn, así como la cuarta escalada absoluta al Eiger. Se hacía acompañar de su padre y hermano y del excepcional guía suizo Melchor Anderegg, pero que nadie se engañe: de una resistencia física excepcional y una determinación a toda prueba, en ocasiones superaba a sus compañeros de cuerda. Baste decir que su ascensión al Cervino fue diseñada por ella misma. Y, ojito: esto sucedía sólo seis años después de la conquista trágica de Whimper y, por tanto, arrastrando la enorme carga emocional que suponía enfrentarse a aquella montaña asesina. Lo hizo al tener noticias de que otra brillante alpinista, la americana Meta Brevoort, pretendía hacer lo propio. La Brevoort, afincada en París, nunca pudo ascender al Cervino, ni tampoco a La Meije, cumbre que esta notabilísima dama intentó con ahínco, si bien sus deseos siempre se vieron frustrados por el mal tiempo. Observaremos que algunos historiadores del alpinismo justifican el olvido de otras escaladoras del siglo XIX argumentando que fueron eclipsadas por el genio de Lucy. Pienso que, en realidad, ella fue tan buena, tan brillante, que no les quedó más remedio que reconocer su valía, pero aprovecharon esta circunstancia para, de manera sibilina, silenciar y, desgraciadamente, en muchos casos enterrar en el olvido definitivo a sus contemporáneas. Entre los miembros de su equipo destacó en su momento un elegante victoriano, vestido blanco, con el que también alcanzó el Matterhorn -¡menos mal que Lucy no usaba pantalones!-. Y también cuenta la leyenda que no le faltaba jamás una botella de champaña para brindar en las cumbres. En 1913, tres años antes de su muerte, llegó a ser presidenta del Ladies´Alpine Club, pero creemos que debería haberlo sido del Alpine Club a secas y, además, muchos años atrás.

Estas líneas están escritas con la única pretensión de poner sobre la mesa la injusticia con la que la historia ha tratado a nuestras compañeras de cuerda, relegándolas en este deporte a un inmerecido segundo plano. Parafraseando a Walter Scott, tal parece que los escollos puestos en su camino acrecentaran el talento de las chicas en el mundo alpinista. Hay un magnífico libro escrito por Marta Iturralde, *"Mujeres y Montañas"* y otro que no le va a la zaga: *"Cuerdas Rebeldes"*, de Arantxa

López. En ellos y, desde el punto de vista femenino, mucho más atinado que el de este plumilla, se da cuenta de estas y otras muchas historias con la profundidad que se merecen.

Un apunte final. En honor a la verdad, esta redacción me la inspiró hace un tiempo Carmina Suárez y casi está escrita a modo de pliego de descargo. Esta mujer es para mí -con permiso de Eva Zarzuelo-, la mejor alpinista asturiana de todos los tiempos. Fue durante una tertulia en la aldea asturiana de Aciera, muy próxima a la escuela de escalada de El Llano, en Quirós, cuando Carmina me recordó una anécdota ocurrida al poco de conocerla. Un día en el que nos encontrábamos ambos escalando en El Llano -el que suscribe tendría entonces quince ó dieciséis años; ella, algunos más-. Viendo Carmina la precaria manera con que yo aseguraba a mi compañero de cuerda -que también era de mi quinta- me advirtió del peligro que corríamos ambos lebreles. Y en mi estratosférica ignorancia de petardo adolescente debí exclamar algo así:

"¡¿Qué dirá esta paisana? ¿Por qué no se meterá en sus asuntos?!"... ¡¡¡Tierra trágame!!!

Ojos Grandes

A Helena y a Riol

"El dragón debía ser declarado monumento de la naturaleza y San Jorge debía recibir una multa".

Valeriu Butulescu

El disparo retumbó en su cerebro al tiempo que el crujido de las costillas fracturadas. No hubo dolor. El sol, presentido tras las esbeltas torres, se elevaba perezoso; su luz, del color de la sangre, imprimía en las murallas de poniente sombras de perfiles hipnóticos. Los ecos de un segundo estampido se sumaron a los precedentes y una fuga sónica se propagó a través de las canales vertiginosas, los collados y las crestas. Encajó el proyectil, los ojos como zafiros empañados; se irguió como un resorte y en un postrero alarde saltó sobre el abismo. Y fue sueño…

I. Dos inmensos ojos enmarcados en algodón miraban asombrados el maravilloso día de mayo. Los vientos dominantes, del noroeste, eran cabalgados por cúmulos deshilachados, multitud de velos de novia rasgados que, tras rozar las cumbres, desaparecían a sotavento en un mágico instante.

A su lado, con golpes enérgicos de hocico, un ser le apremia cada vez que sus tiernas extremidades se doblan. Reconoce su olor, el de su pelambre y el de sus ubres rebosantes de alimento. Su madre, un espléndido ejemplar de hembra dominante, suma en su código genético lo mejor de la especie, una dotación acumulada en un viaje apasionante que comenzó hace cuarenta mil años, cuando, al retirarse los hielos de las llanuras continentales, la especie pudo recuperar su medio alpino.

Apenas dos horas después del alumbramiento, Ojos Grandes, en pie, sigue titubeante a mamá por una vertiginosa vira de apenas un palmo de anchura. Un ventisquero helado, de un par de cientos de metros, conforma un trampolín hacia los cortados de la peña que les cierra el paso. Sabiamente, mamá flanquea hasta una horcada e incita a la cría a su primer descenso. Cae, rueda entre la nieve igual que una madeja de perlé, se pone otra vez en pie, vuelve a deslizarse… La pelotita lanuda, enmarañadas sus largas patas, gira ahora sobre sí misma y al hacerlo levanta chispas de nieve que refulgen iluminadas por el sol que se acuesta. Varios trompicones más tarde, agotado y roto por el vertiginoso destrepe, se acurruca bajo el vientre de su progenitora, ávido del maternal alimento. Mientras ésta mordisquea unos brezos, Ojos Grandes entrevé cómo la gran esfera de calor desaparece y una corriente helada se extiende parsimoniosa al compás de las sombras que remontan de las profundidades de los valles. La luz se difumina. Muy arriba, riscos escarlatas recorren todos los espectros del rojo hasta que la oscuridad se adueña por completo del macizo. Si cabe, se arrebuja aún más bajo la librea caliente y protectora.

Las semanas posteriores discurren con cierta placidez. Aprender y desarrollar el instinto ancestral es un hermoso juego, máxime bajo la vigilancia extrema de la que es objeto. Gana peso y fuerza y comienza a manejar con soltura los pesuños, auténticas herramientas de precisión de las que se sirve en sus correteos por neveros y canchales.

Su primera gran sorpresa fue la tormenta. Horas antes de su estallido comenzó a sentirse nervioso, víctima de un desasosiego que ni la presencia materna podía apaciguar. Según se aproximaba el huracán, el olor del ozono impregnó sus fosas nasales enviando a su cerebro señales inequívocas de peligro. Desde un abrigo calizo, escondido bajo las patas de su madre, fue cegado por el relámpago y casi llegó a jugar con el saltarín granizo. Inmensas torrenteras de agua, capaces de arrastrarle, le hicieron ovillarse hasta el límite de su tierna flexibilidad, pero fue el trueno, implacable y poderoso, quien le erizó hasta la última hebra de su pelaje y quien, en lo más profundo de la médula, le dibujó la firma de su más temible enemigo.

Su primer invierno transcurrió bajo la línea de las grandes escarpaduras, en el reino de las hayas y los robles, de los tilos y los abedules, de los tejos ancestrales. Arropado bajo las enmarañadas bóvedas vegetales, a refugio de la tempestad, sorteó las gélidas noches en lo arcano del bosque, entre el brezo y el arándano.

A medida que la estación se desgranaba, pesada y lenta, distinguió en su entorno otras vidas: el escurridizo lirón, que siempre le sorprendía; la marta y la jineta que, como la raposa, basan la supervivencia en la velocidad y el ágil recorte; los corzos, los jabalíes… Todos con el común objetivo de superar el filo implacable de la guadaña invernal.

En la alta montaña, la primavera posee la facultad de deslizarse silenciosamente hasta que, una mañana cualquiera, mágica y brillante, estalla rompiendo las tinieblas del invierno. En el reino animal, quien ha sobrevivido se apresta raudo a recuperar energías y peso. Ojos Grandes, mimado por el néctar materno, se encontraba en buena forma. Mamá habría de ganar más de un tercio de lo entregado en las últimas lunas.

II. A pesar de ser una boca más que alimentar, llegó al mundo como una bendición para sus progenitores: era el primer varón entre cinco hermanas. Su padre había salido a escape de las alturas donde pasaba el verano al cuidado del ganado; un par de veces estuvo a punto de romperse la crisma al volar, más que saltar, cuesta abajo por los pedreros.

El hombre no cabía en sí de gozo. Tiempos corrían donde un vástago varón era recibido como un incremento del patrimonio, tal que si la cabaña ganadera hubiese aumentado en unas cuantas cabezas.

La realidad era que, en la mayoría de los casos, las pastoras daban sopas con honda a sus compañeros, puesto que, a todos los quehaceres propios del pastoreo, sumaban la atención de la casa y el cuidado de los hijos o de los viejos.

En pocas semanas gateaba a la vera de la casa familiar escurriéndose entre el corral y la cuadra como un cachorro más de la Tula, una perrilla de apenas dos palmos y medio de cruz que, sin embargo, era la envidia de las brañas: manejaba el ganado en los puertos con la misma soltura y suficiencia con la que Don Argimiro, el cura, metía en vereda a la parroquia; eso sí, en el valle.

Vicente, le habían bautizado en honor de su abuelo Vicentón de la Jerrera, que había sido regidor de pastos durante gran parte de su existencia. Una vida que, cierta tarde, a la edad de ochenta y dos años, se quebró en una riega al partirse la espalda cuando intentaba desenriscar una ternera.

Hacía unos días que la criatura le había dado el

domingo al párroco. Desde que asomó la nariz en el atrio no paró de berrear para desesperación de su madre y orgullo mal disimulado de su progenitor, esbozado en una media sonrisa socarrona que Don Argimiro intentó fulminar con unas miradas nada piadosas.

El terror del corral. En cuanto levantó las palmas del suelo el gallinero se convirtió en un autentico infierno para sus asombrados moradores. Nunca "les pites caleyaron tanto" y raro era el día en que Tinín no fuera caliente al jergón.

En su segundo año de vida, junto con tres de sus hermanas, pasó su primer verano en los puertos. Mejor dicho: tres de sus hermanas echaron el estío persiguiéndole por los pastos.

Sólo la Tula le metía en vereda. Un par de ladridos cortantes como el lapiaz dejábanle quieto y a punto de llorar, cosa que hacía difícilmente a pesar de los golpes y magulladuras que se buscaba entre la peña o, lo que era más habitual, los que le venían encima tras fomentar el desasosiego y la desesperación entre sus atribuladas hermanas que, jornada tras jornada, temían que siguiera prematuramente los pasos del abuelo Vicentón.

Así transcurrió aquel año. Los venideros no variaron gran cosa salvo por los disgustos, que crecían en progresión geométrica a medida que aumentaba la altura del zagal. Todo hay que decirlo: con siete años recién cumplidos -casi catorce arrastraba la Tula por aquellas fechas- se manejaba en el pastoreo con unas formas que sorprendían en el puerto. Los viejos querían ver en él a su abuelo, que había sido apreciado por su maestría y bonhomía. De él aún se contaban historias en las tertulias invernales, esas historias que, cada vez que se narran, parece como si se abonaran, creciendo y agigantándose como el tejo del campo de la iglesia.

Entre los relatos que se contaban del abuelo en la pequeña tienda de la aldea -el chiquillo había desarrollado un sexto sentido para colarse en un rincón y cazarlos al vuelo-, los que dejaban a Tinín ensimismado eran los de la peña. Cazador y alimañero en su juventud, se decía que nadie como Vicentón había conocido tan a fondo los entresijos del macizo y, sobre todo, los altos pasos, aquellos en los que el sol no puede con las nieves y en los que raramente se adentraba ser humano alguno.

Don Argimiro que, en honor a la verdad, las veía venir de lejos, decía que dejar que el lebrel escuchase esas historias era como echar leña al fuego, de modo que, siempre que al anochecer le encontraba atento a aquellas conversaciones, asiéndole con precisión quirúrgica por una oreja, le mandaba sin más miramientos a la cama.

No hubo de pasar mucho tiempo para que los hechos confirmaran los peores temores del párroco.

Al verano siguiente, en una radiante mañana de finales

de julio, se encontraba Tinín con el ganado desplegado a lo largo de una soleada ladera, situada a sotavento. En realidad, los pastos alcanzaban los contrafuertes rocosos de una montaña que, sin ser la más elevada de la cordillera, sí superaba con creces los dos mil metros. De cómo el chaval arrancó para allá arriba, ni se supo, ni se sabrá nunca. Con toda probabilidad, iría subiendo poco a poco por la ladera sin un objetivo determinado, hasta sentirse envuelto en esa misteriosa pasión de las alturas que parece ir en aumento cuanto más se asciende. Lo que días más tarde quedó meridianamente claro fue que ganó aquella atalaya, ya que su propio padre encontró en la cresta cimera restos de la comida que el chaval llevaba en el morral.

Es frecuente en estas montañas que, a partir del mediodía, aparezcan espesos jirones de niebla retrepando por las profundas escarpaduras hasta envolver por completo los puertos y las cumbres. El infeliz chiquillo, apresado entre la borrina, fue incapaz de encontrar el camino de regreso a los pastos. Aquel mismo atardecer, en la majada, se dio la voz de alarma y durante toda la noche pastores y pastoras, a voz en grito, buscaron a Tinín entre la espesa niebla y las sombras. El amanecer no trajo buenas nuevas: la niebla persistía, la temperatura había bajado y la experiencia no auguraba nada bueno.

Fue a media tarde. Persistentes, secos, los ladridos de la vieja Tula atrajeron bajo un *paré* a los pastores más próximos. En posición fetal, sobrepasada la hipotermia, se encontraba el chiquillo. Estaba vivo. Un pastor dijo luego que, al acercarse, le pareció ver la figura de un rebeco cruzar entre la niebla…

Horas después, un cura, con los ojos enrojecidos, daba gracias a Dios arrodillado bajo un viejo retablo.

Una semana después, a un pequeño pastor, su padre le leyó la cartilla de forma y manera que durante el resto del verano pareció desaparecer del entorno. Pero, para desgracia de sus hermanas, aquello fue solo un espejismo.

Un noble animal apareció al año siguiente devorado por el lobo. Fue llorado en su casa como a un miembro más de la familia y, rayando lo sacrílego, un viejo párroco recordó a la Tula en misa de domingo.

III. A medida que el níveo manto ascendía hacia las alturas, frescos pastizales, tiernos y apetitosos, surgían al sol primaveral. Durante unas pocas jornadas, Ojos Grandes campó a sus anchas, dueño y señor de la vega.

La sinfonía del alba se alteró un amanecer. Nuevos acordes surgieron desde muy temprano del valle aún en tinieblas. La manada de rebecos se agrupó en un altozano dominando el terreno mientras, lentamente, el puerto iba siendo ocupado por unos seres que Ojos Grandes no había visto hasta entonces.

Una marabunta ruidosa de mugidos y balidos, ladridos, esquilas y cencerros, rematados por los gritos de los pastores -aquellos raros *dospatas* que parecían dominar al heterogéneo rebaño- sorprendieron al joven ungulado, quien, acostumbrado al sigilo de su especie, observaba curioso el batiburrillo invasor.

El ceremonial se desgranó durante varios días saturando de algarabía los puertos. Algunas jornadas, de amanecida o al atardecer, la manada pastaba mezclada entre los rebaños que habían llegado del valle, mas, cuando un *dospatas* se aproximaba en demasía, mamá se apresuraba a empujar a sus pupilos hacia las alturas.

Era en las agrestes entalladuras donde Ojos Grandes se sentía pleno y crecía fuerte, poderoso. Y, a pesar de su juventud, los machos, especialmente los más aguerridos, ya distinguían en él a un competidor. Sólo la indiscutible autoridad materna impidió que su magnífico vástago hubiera de abandonar la compañía de los de su especie en aquel, su segundo verano, cuestión, por otra parte, bastante común entre los de su sexo. Y, así, con cierta placidez se fueron sucediendo las lunas estivales.

Con el comienzo del otoño, los invasores llegados del valle desandaron el camino que habían hecho en la primavera y los agostados pastizales recobraron la calma. Ya espolvoreaban los primeros copos en las alturas.

Llegó la época de apareamiento y en el grupo

los ejemplares adultos iniciaron el ritual de la especie: luchas y amagos de lucha entre los machos reproductores. Mientras, las hembras, pastando pacientes y despreocupadas, aguardaban a los campeones.

Ojos Grandes -aún fuera de juego- se dedicaba a sus actividades favoritas: encaramarse desde el alba en las crestas más aéreas y vertiginosas para, de atardecida, dejarse caer al bosque a rebuscar las más apetecibles golosinas.

Una de esas tardes, encontrándose ensimismado entre los arbustos y con todo su olfato dedicado a localizar los ansiados manjares, percibió de pronto algo a su izquierda. De reojo y a contraluz, acertó a distinguir una masa informe que se abalanzaba sobre él. Sin más dilación, flexionó sus cuatro extremidades y saltó hacia su derecha, notando ya en el aire como unas cuchillas afiladas le desgarraban una oreja. La loba, en pleno salto, había fallado la dentellada a la yugular por menos de una cuarta y fue a dar de bruces contra la base de una encina. El rebeco voló hasta caer en una riega que cruzaba el bosquecillo y esos instantes le permitieron lanzarse monte abajo con unos saltos inverosímiles. Pero el gran cazador cubría el terreno. La loba, recuperada del trompicón, acosaba ahora desde la derecha de la torrentera mientras que, por la izquierda, otros dos ejemplares, avanzando por un terreno más franco que el cauce seco del arroyo, recortaban distancias.

Los predadores cuaternarios habían elegido bien su presa: un tierno, solitario y despistado bocado. Conocedores del terreno, incluso en carrera habían empezado a segregar jugos gástricos: sabían que unos metros más abajo el bosque se despeñaba sobre una gigantesca garganta. No había escape.

El corazón de Ojos Grandes, desbocado, no bombeaba sangre sino adrenalina. El torrente ganaba inclinación a medida que iba a precipitarse sobre el abismo. Súbitamente, desapareció el manto vegetal y se abrió un balcón extraordinario, rematado por un macizo imponente que, frente a él, a una distancia de dos mil metros, parecía arrancar del centro de la Tierra cerrando el horizonte.

Los vuelos controlados del rebeco en la huida rondaban los siete metros cuando, de pronto, se quedó sin tierra bajo los pesuños y vio aparecer, un poco por debajo, un afilado costillar de roca que surgía perpendicular al despeñadero.

Sin otra opción, Ojos Grandes tomó impulso sobre el borde del cortado y se lanzó al vacío, las extremidades delanteras recogidas, los cuartos traseros tensos como las cuerdas de un violín y prolongando su tronco.

La loba, que tras un quiebro habilísimo tenía a la presa nuevamente a su alcance, apenas pudo detenerse al borde del precipicio. Su compañero, al otro lado de la cascada, a punto estuvo despeñarse cuando el tercer perseguidor, menos hábil en la frenada, se fue contra él. Los tres cánidos llegaron a ver asombrados como aquel prodigio de la adaptación al medio aterrizaba sobre un palmo de terreno en una cresta volada que quedaba muy, muy lejos de su alcance.

En realidad, Ojos Grandes se había dejado las costillas contra la afilada caliza. De no haber sido así, de seguro la inercia le hubiera vencido llevándole al otro lado del crestón con las peores consecuencias. Encajado entre dos piedras, con la oreja desgarrada y sangrando a borbotones, aún elevó una mirada insolente hacia sus pasmados enemigos que, reconociendo su derrota, remontaron sus pasos y se perdieron silenciosos en la espesura.

Atardecía y la posición no era especialmente brillante. Se imponía un descenso casi tan peligroso como el salto. El filo donde se había encaramado formaba una empinadísima canal con la pared cortada a pico en la que moría la riega pero, para ganar el desagüe, hubo de descender en sucesivos flanqueos verticales, casi sin respiración, sufriendo las punzadas de dolor en su caja torácica. Ya de noche, alcanzó la canal y continuó un prolongado destrepe hasta que hubo hierba bajo sus pezuñas. El agua no era santo de su devoción -raramente beben los rebecos de los manantiales- pero, en aquella ocasión, se dejó llevar por su olfato hasta el más próximo y hundió su hocico en él.

Derrotado hasta el límite de su resistencia se arrimó a una gran haya y, agotado y roto, se abandonó entre sus raíces.

Muy arriba, un gran meteoro rasgó de norte a sur el cielo estrellado.

IV. A instancias de Don Argimiro -"*este lebrel está por cepillar*"-, al año siguiente sus padres enviaron a Tinín a la escuela sita en la capital del concejo. Pasó el invierno en casa de Doña Rosa, una tía, hermana de su padre, que ejercía de modista con cierto éxito.

Para sorpresa de todos, el rendimiento del zagal en el aula resultó más que notable, demostrando una aptitud natural para las ciencias y, de manera especial, para las exactas. Pero sus andanzas y travesuras también se hicieron notar muy pronto, al punto de que, en pocas semanas, su fama en estas cuestiones le precedía. Doña Rosa, que normalmente era de armas tomar, se las veía y deseaba para meterlo en cintura, ya que, en el fondo, sucumbía ante las zalamerías de su sobrino.

Mediada la primavera, a punto de finalizar las clases, Tinín, escoltado por un par de compinches de parecido pelaje, se cubrió de gloria. Don José, el cacique natural del lugar -que de todo ha de haber en esta sociedad, mal que nos pese- tenía tres hijas. La mayor de ellas -que cumplía los dieciséis- y su madre -una cotorra de cuidado-, habían venido acosando durante todo el invierno al padre y marido con la intención de que, al modo y manera que se hacia en Vetusta, la vieja capital de la región, organizara una gran fiesta de presentación de la joven en sociedad. El padre, un hombre viajado y con una cultura muy por encima de la media, veía venir tamaña horterada, pero la presión inmisericorde ejercida por aquel par de arpías pudo con todas sus reticencias y, finalmente, cedió. El caso es que Doña Paquita, que así se llamaba la lumbrera, tras mostrar a Doña Rosa unos patrones recién llegados del *"París de la Francia",* encargó a las hábiles manos de la modista los vestidos para sus hijas.

Dos días antes del evento, las cinco mujeres acudieron a casa de Doña Rosa para probar los últimos retoques de los vestidos. Era una tarde lluviosa y fresca, con la niebla amarrada al fondo del valle. Como era costumbre en tales tardes, las señoras venían de merendar un chocolate.

Fue llegarse a la puerta, abrir y, entre gritos histéricos, ver salir a escape calle abajo a tres bandidos enfundados en encajes y pololos. Entre el barro, el agua y los patinazos, el desastre fue absoluto. El padre de las doncellas, Don José, que jugaba a las cartas tras las cristaleras del casino, vio pasar por la plaza a aquellos enjironados fantasmas de media tarde, ató cabos, y ante el asombro del cura, el practicante y el maestro, a la sazón compañeros de mesa, prorrumpió en unas tremendas carcajadas que aún se recuerdan en el valle.

Pocos años después, ayudaría a Tinín a estudiar Ingeniería de Minas.

Ni que decir tiene que nuestro travestido pastor acabó el curso confinado en su aldea natal, allá en la alta montaña, bajo la severa vigilancia de Don Argimiro.

Llegó radiante el tiempo de "amajar" en los puertos pero, aquel año, el estío fue excepcionalmente caluroso y la "seca" trajo consigo no pocos problemas a ganados y pastores.

Vicente, el padre, conseguía equilibrar la economía familiar con la caza. Mejor dicho, ejerciendo de guía y ojeador para los cazadores de ciudad que venían a las montañas en busca de trofeos. Fue así como, por primera vez, Tinín acompañó a su padre y a los "señores" en busca de las codiciadas presas. A principios del otoño ya disparaba con sorprendente habilidad y puntería, si bien su progenitor todavía no le permitía que lo hiciera contra un animal.

V. Ojos Grandes, tras su peligrosa aventura entre lobos y abismos, rondó el bosquecillo de la gran haya durante días. Poco a poco, fueron curando sus maceradas costillas y recuperó fuerzas, pero nunca jamás volvió a ver a su manada. Tras aquel vertiginoso descenso del que había sido su macizo de origen, el joven rebeco cruzó una gran corriente de agua y se alejó buscando nuevos y apasionantes territorios.

Su poderosa constitución le permitió hacerse con cierta facilidad con una hermosa hembra y pocos años después, la carga genética de la pareja saltaba juguetona entre la peña.

Solo cuando al atardecer, siguiendo su costumbre, descendía el señor de las crestas de sus atalayas, las brumas de la memoria que los *dospatas* niegan a los rebecos dibujaban en el contraluz del ocaso la espléndida figura de su madre.

Una de aquellas tardes y en contra de su hábito, se quedó hipnotizado en las alturas y allí pasó la noche.

Un sublime amanecer imprimió una figura imponente recortada contra el cielo: Ojos Grandes se desperezaba a la brisa del alba.

Doscientos metros más abajo, en una canal aún sumida en sombras, dos hombres acechaban sigilosos.

Tinín encaró la mira del rifle… y disparó dos veces.

Extrañamente, algo quebró su alma: jamás, para extrañeza de todos, volvió a empuñar un arma.

Mil metros más arriba unos agudos ojos observaron el salto postrero de Ojos Grandes.

La majestuosa planeadora cambió el perfil de unas alas con más de dos metros de envergadura y comenzó a girar. A medida que, perdiendo altura lentamente reducía el diámetro de sus giros, de los cuatro puntos cardinales, sobre los vientos portantes, comenzaron a llegar decenas de aves.

En una pequeña isla verde a los pies del gigante calizo, rodeado por unas pequeñas flores que lloraban rocío... allí descansó.

El vuelo

A Chelo

"Sólo el que sabe es libre y más libre el que más sabe. No proclaméis la libertad de volar, sino dad alas".

Gregorio Marañón

Mi mujer se niega a mirar, se da la vuelta. Una suave brisa del norte apenas silba entre mis oídos y el casco. Por el rabillo del ojo veo a la gente alineada a lo largo de la cresta del anfiteatro. No los oigo. La vela, de once metros de envergadura, ocupa toda la cumbre del Picu Uriellu. Cruje levemente. La brisa comienza a repicar en andanadas, al compás, como las tandas de las olas en la Cantábrica.

Son las once, el sol acaricia el Jou Lluengu, la caliza brilla. Cortinillas de aire recalentado empiezan a titilar por Valleyu; las primeras térmicas rompen desde la hierba tostada de Pandébano. Cinco minutos, menos quizá. Repaso los frenos, un pequeño bulto en el centro de la vela: la Virgen de las Nieves -casi me río, vaya sudario porta la Señora-.

Chelo sigue mirando a Horcados Rojos. La vela

ondula, abro los brazos, escucho murmullos, muy lejos, asiento los pies. Otra ráfaga, más intensa. Ocho, diez por hora, aguanto, espero a la "ola madre". Sube por las chimeneas, suena como un oboe. El aire se vuelve tibio, templado, caliente. Un paso, tiro de las suspensiones, la vela cobra vida, empieza a elevarse a mi espalda, tira para atrás como una endemoniada, otro paso, empujo con todo, cruje como hojaldre y sube... Sube, equilibrada, simétrica, magia. No pesa, no me arrastra: hoy no veré la *Leiva.* Tengo el paraguas encima, hundo los frenos hasta las rodillas. Velocidad. El suelo se mueve rozándome las botas: un metro, dos, diez bajo los pies.

De repente, todo cobra vida, la gente grita, salta entusiasmada, el tiempo se pone en marcha… Las chimeneas de la Norte se van abriendo, más y más, freno izquierdo a fondo, la máquina de volar gira, seguro que la ven majestuosa desde la cimera del Urriellu. Rozo el espolón norte, las salidas de la 'Rabadá-Navarro', miro a Rocasolano y hacia la Laja España, aunque es muy temprano para ver escaladores tan altos en la Tapia. Abajo, rodeando el refugio, motas de colores salpican la Vega… Decido sobre la marcha. Giro ahora muy despacio para conservar la altura y arrumbo al norte. Paralelo a los Albos, sobrevuelo el Jou Lluengu, distingo el Llagu Rasu. En el fondo del Jou, unas hormiguitas avanzan por la pedrera. La canal de Camburero se ve como en el mapa.

De pronto, me acuerdo de un chaval de quince años, una Semana Santa de aquellas…. hundido en nieve papa hasta la cintura, subiendo por Camburero, con el único objetivo de ver el Picu más de cerca. Y de cuando aquel *guaje*, un año después, aún no se cree que está pisando su cima y entonces, cuando bajo mis pies discurre Valcosín, estoy llorando como una magdalena.

Cincuenta metros, cincuenta puñeteros metros más y hubiera sobrepasado Peña Maín. Me acerco a sus laderas en un vano intento de remontar y solo consigo unos cuantos meneos, producto del rotor que el viento norte genera a sotavento. Centro el ala sobre Bulnes, que parece una maqueta y decido menguar el kilómetro de altura sobre los tejados. Comienzo a dibujar ochos en el aire, virando entre el pueblo y la Canal de Amuesa. Tras varias maniobras, los Llanos del Torno comienzan a ascender implacables y paso a cerrar los giros sobre el puente Colines.

En Bulnes se distingue una buena tertulia a la vera de *Casa Marcelino*. Grito, pero no me oyen. Tengo que buscar la toma. Estoy en ello cuando una fuerte ráfaga que proviene -cómo no- de la Canal del Texu, me pliega media vela por la derecha. El reloj se para de nuevo. Como puedo, salgo de la plegada para, inmediatamente, atender a la siguiente, esta vez por la izquierda. Así, hasta media docena de veces. El aire, canalizado por el embudo de la angostura del Texu aumenta de fuerza. Viento en cola, giro una última vez a unos ciento cincuenta metros sobre Bulnes. En ese instante, el aire forma un muro tan compacto que el parapente apenas puede cortarlo y comienza a descender con una fuerte componente vertical, a punto de perder la sustentación.

Doy máxima velocidad, me cuelgo materialmente en la silla buscando más penetración. A la izquierda, por debajo del camino del Castillo, un paisano está segando bajo un tilo que cierra su parcela. Apenas a treinta metros de altura sobre el prado, comienzo a derivar hacia el claro por encima de un bosquecillo. El árbol está a un par de largos de cuerda, pero no voy a llegar. La vela se comporta como un paracaídas de campana a cámara lenta: planea un metro y desciende cuatro. Ya me veo colgando entre las ramas. De súbito, el viento cae, la vela se encabrita, entro al claro rozando las copas y salgo disparado hacia el tilo. Al mismo tiempo distingo la inclinación real de la parcela. Desde arriba parecía llana, sí... Aguanto como puedo la tentación de girar -¡qué pedazo de tilo!-.

-¡Paisanoooo! ¡Quítate de ahí!

El paisano, alucinado, levanta la cabeza y me ve aparecer de la nada. Planeo a un palmo de su boina. Frenos a fondo. Se me olvida respirar. Todo se para otra vez. Tomo tierra como si bajara el último peldaño de la escalera de casa: primero un pie, luego el otro. La copa del tilo queda a dos metros de la campana de la vela, suspendida en el aire, como mirándolo. El hombre está agarrado al *guadañu*. No puedo evitar acordarme de Javier, *el Moreno*. Hace unos días me contó que un amigo común hubo de salir por pies tras tomar tierra en un prado somedano, mientras el pastor gritaba: *"¡El diañu! ¡¡¡El diañu!!!"* . Eso sí, empuñando la *guiada*.

- *¿De dónde sale usted?, me dice el paisano.*

-Del Picu.

-¿Lu ayudu?

-¡Gracies!

Recogimos la vela en cinco minutos.

-Jefe, le invito a una cerveza en Casa Marcelino...

Aquella mañana no hubo más siega.

De *tricounis* y hombres

A Jose, *el Pipi*

"Cuando me dicen que soy demasiado viejo para hacer una cosa, procuro hacerla enseguida".

Pablo Picasso

Cuando el excelente alpinista británico Stephen Venables, ataviado impecablemente con su elegante -no lo dudes lector- traje de *tweed*, calzando sus no menos atractivas botas claveteadas de legítimo cuero español y cubierto con el tradicional sombrero de fieltro que distinguía a todos y cada uno de los alpinistas del XIX, escalaba la ruta 'Whimper' que recorre la bellísima -al menos, de lejos- arista Hörnli del Matterhorn para la magnífica película de la BBC *"La Conquista del Cervino"*, uno, que se tiene por un romántico empedernido, palidecía de pura y también genuina, envidia española.

Contaba el inglés lo bien que se encontraba equipado de aquella guisa, la resistencia y el buen abrigo que proporcionaba el tejido de Manchester y, lo que es más llamativo, el franco agarre que se obtenía con aquellas antiguallas picadas de clavos.

Hay un par de cuestiones relacionadas con los súbditos de Su Graciosa Majestad que, por este orden, me merecen el máximo de los respetos: su pragmatismo alpinista y su concepto del fútbol. Por tanto, no dudo en absoluto de las palabras del buen escalador y documentalista del otro lado del Canal. Dicho esto y puestos a reflexionar sobre el tema, de inmediato caemos en la cuenta de los brillantes e, incluso, sorprendentes resultados que, hasta bien entrado el siglo XX, los escaladores se sacaban de la manga con aquellos equipos.

"Varappe", un término que ha pasado desapercibido en España, fue adoptado por el vocabulario alpino a partir de 1883 y, en algunos ambientes, definió durante muchos años -aún lo hace hoy día- la escalada en roca.

Horace Bénédict de Saussure, tras haber visitado en su juventud el cañón de La Varappe, escribió:

“Recuerdo las sensaciones que percibí al acariciar la roca y gozar de las vistas de La Salève. ¿Acaso es Ginebra y su montaña el laboratorio del que va a nacer la conquista del Mont Blanc?”

En 1815, en la villa de Mornex, un grupo de científicos suizos funda la *Académie Suisse des Sciences Naturelles,* por cuyos ilustrados salones pasarían Linneo, Rousseau y el propio Saussure. A mediados de la centuria, Richard Wagner compondría en el mismo lugar su *“Cabalgata de las Valkirias”* y, allá por 1892, aquel paisaje vería serpentear el primer ferrocarril cremallera de la historia.

Un grupo de montañeros ginebrinos, de la región de La Salève, tomaron por asalto las paredes rocosas de la garganta de La Varappe y sus acrobacias y arriesgadas maniobras pronto fueron de todos conocidas. Aquel grupo, que en el último tercio del XIX, apenas contaba con quince aguerridos componentes, a fecha del inicio de la Gran Guerra generaba en la pequeña región más de cuarenta y dos asociaciones alpinas, un semillero del que surgieron maestros alpinistas de la clase de Lambert, Boulaz o Ditter. Los mismos que, en 1954, entregarían en bandeja de plata la llave del Everest a la expedición triunfante de sir John Hunt, tras haber rozado ellos mismos la gloria un año antes. Sin olvidar a las excepcionales y brillantísimas féminas LouLou Boulaz e Ivette Vaucher. La primera, en 1935, se apuntaría nada menos que la Norte de las Grandes Jorasses.

Y va a resultar que entre aquellos iluminados *varappeurs* (así eran denominados con mucho acierto e ironía *-peur* significa miedo- por sus asombrados contemporáneos) había uno que iba a revolucionar el material de alpinismo. Concretamente el calzado.

Quizás lo hizo harto de destrozar sus *chaussures de ville* por las fisuras de La Saléve, costumbre que conservó durante toda su vida -en 1905 abrió con zapatos "de vestir", que dirían nuestras madres y abuelas, una fisura catalogada, aún hoy, de quinto grado superior-.

Hablamos de nuestro buen amigo Félix Valentín Génécand, alias *Tricouni,* a quien se le ocurrió la feliz idea de diseñar todo un sistema de herrajes -que bautizó con su apodo- con la finalidad de adaptarlos a las botas. Se da la circunstancia, francamente entrañable de que, en 1936, una hermosa montaña de la Columbia Británica fue nominada como Tricouni Peak, debido ello a su parecido perfil con el herraje número tres de la colección de clavos fabricada por el helvético.

La bota es un invento militar –¿por qué será que a uno no le sorprende?-, como atestigua el calzado de cuero hasta media pantorrilla y con refuerzos metálicos en las suelas que, mil años antes de Cristo, introdujeron los guerreros asirios. Es más, por esa época comenzaron a diferenciar las hormas izquierda y derecha, -una traducción de un texto hitita refiere el enfado del dios de la agricultura, Telipanu, al calzarse inadvertidamente al revés-. Y el tacón alto fue introducido por los legendarios pueblos nómadas, habitantes de las grandes estepas asiáticas, como un complemento del estribo para las monturas, también introducido por ellos. La supremacía militar obtenida cambió la historia de la humanidad y conformó un diseño del calzado que, con muy pocas variaciones, ha llegado hasta nosotros.

A medida que el alpinismo se hacía mayor de edad, las exigencias técnicas demandaban mejores soluciones para afrontar unas actividades cada vez más complejas. La época dorada trajo consigo la ascensión a montañas consideradas inaccesibles pocos años antes. Cumbres donde las pendientes heladas obligaban a tallar cientos de escalones y solo el oficio de los grandes guías se interponía entre los osados exploradores y el efecto de la gravedad. A todas luces, el calzado resultaba insuficiente en las cada vez más empinadas laderas y crestas de los Alpes. Pero habrían de pasar bastantes años hasta que el binomio mágico bota/crampón fuera realmente efectivo al ciento por ciento.

De hecho, desde que en 1932, el ingenio de Laurent Grivel adaptara puntas delanteras a los crampones y viera la luz una de las obras cumbre sobre técnica y progresión glaciar -la irrepetible *Técnica de hielo* de Yvon Chouinard, dónde se exprime al máximo el uso de las puntas delanteras en combinación con la técnica del piolet/tracción-, correría casi medio siglo de alpinismo.

Es indudable que personajes de la talla de Armand Charlet fueron los que, a lo largo de las primeras décadas del siglo XX, consiguieron técnicas depuradísimas para la progresión glaciar que, incluso hoy, resultan insustituibles. Pero, en cuanto la dureza del hielo, la inclinación de la pendiente o ambos factores excedían de ciertos valores, siguieron los montañeros tallando escaleras al cielo.

Con toda probabilidad, *Tricouni*, nuestro hábil zapatero, era plenamente consciente de las limitaciones antes mencionadas: las botas, hasta el momento tachonadas de clavos en sus suelas, respondían brillantemente en los acercamientos por los prados y en el barro pero… vamos a detenernos aquí un instante. Aunque nadie duda de la eficacia de las botas con suela *vibram,* cualquier montañero que se precie habrá comprobado empíricamente como éstas se tupen, sobre todo en barros arcillosos o en suelos de turba, formando un peligroso zueco.

Y estoy recordando una ocasión en la cual, descendiendo de Vegarredonda -Picos de Europa-, casi a la altura de la Vega de la Piedra, salí literalmente volando por el aire y no me dejé la espalda o la nuca en el empeño -miren ustedes por dónde- porque llevaba conmigo un buen armario a la espalda. Y, abundando en el tema, todos hemos oído alguna vez narrar cómo algún compañero salió *in extremis*, a punta de crampón, de un peligroso prado. No quiero decir con lo anterior que debamos regresar al siglo XIX, pero no deja de ser agradable y divertido, constatar como nuestros abuelos solucionaban hábilmente y mejor que nosotros, ciertos aspectos técnicos.

Retomando el hilo, también en la roca se movían habilísimos: al fin y a la postre, inventaron el quinto y el sexto grado basándose casi exclusivamente en su maestría como escaladores, careciendo, casi al completo, de métodos realmente solventes de aseguramiento o artificiales. Era en los pasajes helados, en cuanto la pendiente comenzaba a empinarse, donde las carencias se hacían patentes, los problemas se multiplicaban exponencialmente y, como decíamos, sólo a base de oficio, paciencia y muchas horas tallando apoyos, se superaban las dificultades.

"La inoperancia de las botas en los neveros inclinados se debe a una cuestión fundamental -debió pensar *Tricouni*-. *Los cantos y los tacones carecen de cualquier tipo de agarre porque las escorias o clinkers* -que así denominaban los ingleses a las tachuelas- *están situados en la planta y los diseños que existen para los cantos son lisos"*. Es decir, en el momento en que los apoyos dependen de los bordes de la bota, sea en ascenso, descenso o flanqueo, el alpinista está expuesto a un resbalón y compensa el riesgo tallando escalones más profundos y costosos, aumentando, a su vez, el tiempo de exposición en las grandes palas alpinas. Ergo… ¡habrá de encontrarse un método, fiable, para armar a las botas en los perfiles de las suelas!

Nuestro simpático *varappeur* comenzó, ni corto ni perezoso, a diseñar una suerte de herrajes que pudieran ser anclados al cuero de la suela y que, a la vez, por su geometría angular, forraran los cantos. Y -perdonen el chiste- dio en el clavo. Pero no uno, ni dos, sino una verdadera colección, en varios pesos, tamaños y medidas. Para todo el perfil, para la planta, circunvalando el tacón... Y con una peculiaridad característica: todos ellos dispuestos con unos bordes de ataque en forma de dientes de sierra. ¡¡¡Temblad couloirs!!!, debió pensar. Y los bautizó con su nombre de guerra: los *Tricounis*.

Por desgracia para nosotros, que hemos entrado en el montañismo -y en tantas otras cosas- a comienzos del siglo XX, muchos aspectos históricos del alpinismo han pasado desapercibidos o han sido ignorados, debido a la carencia de medios y, hasta hace bien pocos años, a la ausencia de adecuadas traducciones sobre literatura de montaña.

El lado positivo es la alegría de redescubrir estas fantásticas aventuras. Viene este comentario a colación de lo siguiente: para cualquier alpinista español medianamente informado, la generación de finales de los setenta y principios de los ochenta es, sin duda, en su conjunto, la más brillante en la historia de nuestro deporte. El lector avezado recordará rápidamente a los escaladores *peñalaros* que camparon por nuestros macizos y, especialmente, por los Picos de Europa, durante los años que bordearon nuestra Guerra Civil. El triángulo vasco/catalano/aragonés de los cincuenta y sesenta con los Landa, Udaondo, Rabadá, Navarro, Pons, Anglada y tantos otros memorables compañeros que sería interminable citar. En mi propia tierra, Asturias, la singular saga de los Martínez, los primeros guías profesionales de la nación. Pero, a nada que se detenga, verá como en los ochenta la eclosión surgió a la vez en todas y cada una de las regiones y macizos españoles. Los resultados están ahí y son incontestables. Uno se niega a creer que la casualidad o, en su defecto, una extraña y esotérica conjunción astral esté en el origen de estos hechos. ¿Cuál es entonces el catalizador de los mismos? Lo saben, ¿verdad?... Una bota: ¡el *pie de gato*!

Exactamente y de la misma forma, aquellos insignificantes clavitos -una docena de *tricounis* del nº 1 pesaba dos onzas y cuarto, unos setenta gramos- iban a revolucionar el arco alpino. Los crampones, que ya eran utilizados en el siglo XIX, eran forjados por encargo.

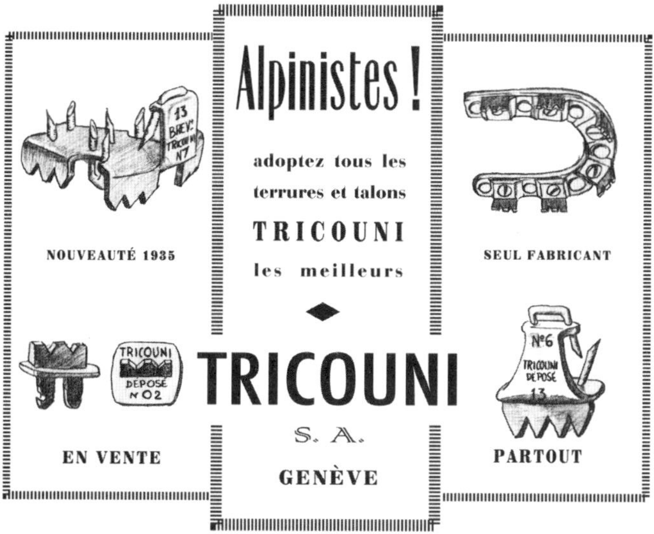

Recreación de publicidad de material de montaña
de principios de siglo XX

Engorrosos y poco fiables, las más de las veces eran un problema al romperse, soltarse o aflojarse de las ataduras en plena faena, cuando no se daban las dos circunstancias a un tiempo. Los relatos están llenos de crampones rotos. En realidad, empezaron a ser relativamente fiables en la década de los veinte del pasado siglo, a raíz de los primeros intentos británicos al Everest. Hasta entonces, y durante cuatro décadas, el hecho de poder fracturar el hielo de un buen puntapié, cuantas veces fuese necesario y sin que el calzado se resintiera, recayó por entero en los *tricounis,* que dieron alas a los *grimpeurs*.

Y es sorprendente comprobar el impulso, traducido en brillantes ascensiones, desde que las botas montaron el invento hasta el final de la época dorada, que concluye con la solución del último problema alpino histórico: la escalada de la Eigernordwand, medio siglo más tarde. Esta evolución se constata en las realizaciones alpinas y extralpinas, tanto cuantitativa como cualitativamente hablando. Otro argumento, claramente indicador de la importancia de los herrajes de Génécand, son los múltiples diseños que se adoptaron para su colocación en las botas: una variedad de soluciones, extraordinariamente sofisticadas, que encajarían mucho más en nuestra época. Incluso para nosotros, acostumbrados a una especialización que a veces raya en lo grotesco, resulta sorprendente constatar el cuidado con el que nuestros abuelos resolvieron las disposiciones de los *tricounis* en las suelas. Existen registradas -o, al menos, han llegado a nosotros- un mínimo de siete combinaciones estándar. Si a ello añadimos que los más pudientes podían permitirse el lujo de encargar el calzado a medida e incluimos en este apartado las demandas del Alpine Club de Londres y el CAF (Club Alpin Français) para sus expediciones, no resulta difícil imaginar que los alpinistas se reconocieran unos a otros a modo de firma, por sus huellas en la nieve.

El genial Pierre Alain -introductor de las chaquetas de pluma *duvet* y del aluminio en los mosquetones y los arneses- inventó la suela *vibram* un año antes de la primera ascensión a la cara norte del Eiger. Habrían de pasar unos cuantos años hasta que esa suela desbancase a los *tricounis*. En plena II Guerra Mundial, el ejército americano todavía equipaba a sus divisiones de montaña con botas claveteadas. Ni que decir tiene que muchos alpinistas continuaron manteniéndose fieles al invento.

Cualquiera de nosotros, hoy, estamos en disposición de percibir las sensaciones que acompañaban a nuestros abuelos en sus escaladas, puesto que aún se arman los herrajes de los varappeurs en viejos diseños de cuero español. Quién sabe… ¡quizás nos veamos, un amanecer, arrancando chispas a la caliza!

El Picu

Se elevó desde las llanuras abisales a tocar el cielo. La erosión fue su compañera de milenios, de edades apenas vislumbradas. En su abrazo de amante le talló una proa y un camino de vuelta a la mar.

Su piel es la de la Ballena Blanca y, como ella, arrastra cientos de cabos enmarañados y el acero la desgarra herida por los arpones de *Ahab*.

Heredó del océano su virtud y su fuerza. Desde las atalayas arrebata y engaña como el mar. Sólo cuando el marino traza su camino de espuma aguas adentro, muestra su condición y su verdad.

La *Norte* es el Atlántico. Por él, encontró Schulze un nuevo mundo, siguiendo la estela del bravo marinero y del capitán Pidal.

La *Sur*, el *Mare Nostrum*, cercano y entrañable. Cuna y despertar de la pasión de muchos. Cartago y Roma juntos, piedras milenarias en las que mil pasos han pulido su rostro hasta hacerlo brillar.

El inmenso Pacífico es la *Oeste*. Aquí no hay más que hablar.

Quisiera ver en la *Este* al Cantábrico. Nuestro pequeño mar, donde de pronto ruge la galerna y más vale que sepas navegar.

La línea Schulze

A Elisa Villa

"Juegos de nubes extraordinarios. Una niebla ondulante viene desde el mar; envuelve la Torre Bermeja y penetra por la canal de Asotín hasta la Vega de Liordes. Las paredes que hay frente a mí se encuentran sumidas en la oscuridad. Todo son sombras y luces... Hay un mar de nubes y Peña Vieja reina sobre los jirones que salen de este mar silencioso introduciéndose por barrancos y hoyos".

Gustavo SCHULZE, de regreso a Lloroza tras el raid que le llevó a la cumbre del Tiro Tirso, el 19 de septiembre de 1906

Cuando hablamos de grandes escaladas clásicas en los Picos de Europa, tenemos cierta tendencia a centrarnos en las paredes y en las magníficas vías que las surcan, pero solemos olvidarnos de otras actividades que nos brinda la peculiar estructura de estas montañas: las integrales. Sin embargo, los recorridos por las crestas no sólo se adornan por sistema de una plasticidad y belleza extraordinarias, sino que, además, este tipo de itinerarios nos permiten adquirir una visión franca, diáfana, de las

Panorámica de la "Línea de Schulze" desde Torrecerredo ▷

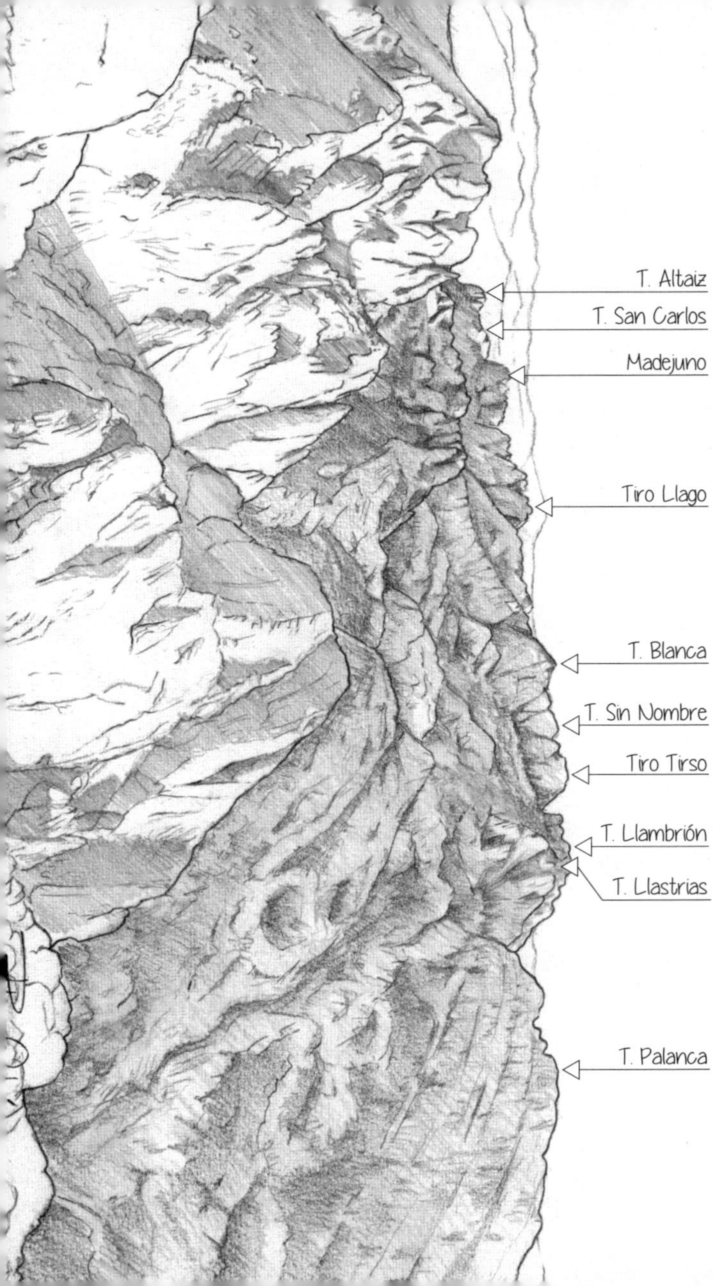
T. Altaiz
T. San Carlos
Madejuno
Tiro Llago
T. Blanca
T. Sin Nombre
Tiro Tirso
T. Llambrión
T. Llastrias
T. Palanca

zonas que por las que discurren. Técnicamente, son una perfecta escuela para depurar nuestros movimientos en montaña, un terreno de juego extraordinario para poner en práctica nuestras habilidades. Incluso diría que, desde el punto de vista estético, para un observador es un verdadero placer contemplar a una buena cordada recortada contra el cielo, evolucionando a caballo de una línea de cumbres.

Si al ser humano le estuviera vetado volar, aún le quedarían las crestas de montaña.

El verano del año 2006, a la altura del Llambrión, giré al suroeste y continué el periplo de la cresta a través de la altura de Casiano del Prado, para rematar en la Torre de las Minas de Carbón, descender a Las Colladinas y, de ahí, a Collado Jermoso. En aquella ocasión, había partido del Madejuno y bauticé el recorrido como 'La Integral de los Pioneros', en honor a todos aquellos adelantados de los Picos que habían explorado dicho sector del Macizo Central. Pero, aquella misma tarde, de regreso a Cabaña Verónica y fumándome un cigarrillo con Mariano[10] en las escaleras del refugio, le comentaba que la auténtica *línea*, la verdadera integral del magnífico cordal, debía partir de la Torre de Altaiz y doblar en la cima del Llambrión para morir en las planicies descarnadas de la cimera de La Palanca. Aquel atardecer me prometí a mi mismo intentar,

(10) Mariano Sánchez Madina, guarda de Cabaña Verónica. Amó y vigiló estas montañas a lo largo de un cuarto de siglo. Sería interminable relatar las veces que este hombre se pasó las noches en blanco pendiente de sus semejantes. Falleció en el año 2008.

al menos, ese recorrido maravilloso por las cimas más elevadas de los Picos de Europa.

Así fue que, a principios de agosto de 2007, tenía preparados los trastos para plantarme en la Vega de Lloroza y esperar la ocasión adecuada. Día tras día, el mes fue desgranando jornadas de mal tiempo y yo demorando la partida, hasta que, definitivamente, el viernes 10, junto con un par de amables compañeros, Gaspar y Eduardo, que me habían solicitado para recorrer el Espolón de los Franceses, arrancamos para Fuente Dé.

En la mañana del sábado surcamos la gran clásica que se eleva, imponente, a lo largo de la cara sur de Peña Vieja. Las primeras nubes de evolución comenzaron a hilarse a eso del mediodía, a un ritmo que presagiaba que la tarde nos regalaría una fuerte tormenta. Desgraciadamente, en la Corona El Rasu, camino del Jou de los Cabrones, esa tormenta habría de cobrarse la vida de un compañero y, al igual que ocurrió con el accidente -también mortal- del día siguiente en el Torrecerredo, la mala noticia corrió por Los Picos como un reguero de pólvora.

Culminada la actividad, sobre las cinco de la tarde, minutos antes de la fatídica descarga, mis amigos y yo nos despedíamos en la estación superior del teleférico con unas cervezas servidas impecablemente por el incombustible Nacho. Gaspar y, especialmente, Eduardo, debían atender debidamente a la *matronal*.

Y comenzó la semana de pasión del que suscribe.

Para realizar con garantías la integral deseada, debía contar con una jornada completa de buen tiempo. No quería ni imaginarme que, quizá rebasado ya el Llambrión, una tormenta me obligara a plegar velas y descender de la cresta. Ni siquiera fue necesario ese cálculo: me había tocado "el agosto" y, a un día regular, le seguía otro peor. Tampoco quería levantar el sitio: te vas a Cabrones o a Urriellu a ver a los amigos, te quedas de tertulia a cenar y dormir y amanece el día de la década. Bajo las anteriores premisas fue pasando, a duras penas, la semana más aburrida que uno recuerda en montaña. Ni los paseos ni las ascensiones por la zona en busca de algún encuadre para la cámara acortaban las horas: cada jornada se estiraba hasta la extenuación. El martes, durante un par de horas, se desató un auténtico huracán y a punto estuve de retornar a la Villa de Jovellanos. Una joven y encantadora pareja catalana -Mari y Raúl- que hacían su primera incursión piquista, aparecieron casi en el último instante por el vivac e impidieron que huyera con el rabo entre las piernas. Para el jueves auguraban mejoría y… amaneció de perros. Garantizaron después buen tiempo para el sábado. Definitivamente, puse el despertador para las cinco de la mañana del viernes 17 y dejé preparada la mochila.

Peña Vieja ▷

Espolón de
los Franceses

Siempre me ocurre lo mismo: la noche antes de una actividad medianamente reseñable, duermo como un lirón. Para mí que es una defensa subconsciente, a ver si hay suerte y no me despierto. A las cinco, sonó el indeseable. Me puse a remolonear. ¡Qué bien se está en el saco! Pero entonces... empezó a trabajar *el Comeorejas.*

¿Que no sabéis quién es? Un troll, un trasgu…Un sinvergüenza que te susurra al oído:

-*"Alfredo quédate en el saco un poco más... Mira, ¡si aún es de noche...!"*

Y, cuando cree que te tiene a su merced, te espeta de manera sibilina:

-*"Total, si seguro que cambia el tiempo a media mañana y tienes que darte la vuelta. No seas tonto y asegura. ¡No veas que buena predicción dan para mañana!".*

Ahí la pifió el puñetero. Menudo bote pego, miro el reloj y… ¡las seis y veinte!

Y arrancó la máquina. En veinte minutos estoy vestido, desayunado y recuperado de la taquicardia provocada por el puñetero troll de los montañeros. Dejo recogido el vivac y me permito el lujazo de fumarme un cigarrillo mirando a Altaiz. A las siete y cuarto enfilo definitivamente hacia la Canal de San Luis. Cracs,

cracs… Pero, ¿qué demonios es ésto? ¡Si estoy pisando pura escarcha! *"Bueno, en la línea del mes"*, me digo.

Pintan oros, el amanecer perfecto y muy frío, el ritmo adecuado y la cabeza… ¡Ah, la cabeza se va a pasear por su cuenta!: retrocede en el tiempo y se sumerge en un universo minero ya desaparecido.

Por encima de los Hoyos de Lloroza se alzan las voces de los carreteros, las yuntas de bueyes descienden arrastrando las sólidas carretas rebosantes de mineral y se cruzan en los apartaderos con las que remontan pesadamente al cargadero de Fuente Escondida. Los quejidos del teleférico, que descuelga las cunas oscilantes desde las bocaminas encaramadas en la planicie a media pared de Altaiz hasta el collado, silencian las órdenes de los capataces. De cuando en vez, una blasfemia corta como un cuchillo el aire de la mañana.

De pronto, y sin saber cómo, me veo en la canal de subida a la primera cumbre. Me doy cuenta porque aquello se empina y empiezo a bufar. O eso, o bajar el ritmo. Y bajo el ritmo.

Tengo dos años, corre el siete de junio del año 64 y la cuadrilla de Udaondo -Goicoechea, Urones, Juan Villa y Rafa Fernández- están amarrándose con él a las cuerdas de pita, bajo la gran oquedad de la cara suroeste de Altaiz. Esta mañana, surcarán esa ruta por vez primera. Días después, el ocho de agosto, otros primeros espadas, los Palacio, Royo y Régil, remontarán el flanco noreste.

Cumbre. Los últimos cien metros de desnivel los he subido por la cresta de la derecha de la canal; me divierte más trepar que subir por la pedrera. El sol de la mañana aún no calienta y la brisa enfría el sudor rápidamente. La espaldera de la mochila también se lleva lo suyo. Le tiro una foto al macuto y, antes de quedarme tieso, con viento fresco, me largo al vecino San Carlos. Allí no puedo evitar echarle una foto más a la Torre Salinas, en la que se distingue el hermoso trazado de la vía Casiopea. ¡Qué bonita clásica y qué poco se hace ahora!. Desciendo por la cresta oeste hasta dar vista al ojal gigantesco que adorna el corredor norte, magnífica actividad invernal. Un poco más abajo, me tiro por un pedrero a la izquierda del espolón. Voy pensando en los cabineros del teleférico, algunos, buenos amigos. Vaya curro, todo el día de pie y hora tras hora, día tras día, mes tras mes y año tras año, escuchando estoicos los mismos comentarios -cuando no sandeces- del *turisteo.*

Y, claro, o estamos o no estamos. Piso mal, me resbalo, rectifico pero ya no me queda más que apoyar la palma izquierda en el canto mejor tallado de la pedrera. Me paso el resto del descenso hasta la Horcada Verde chupándome la sangre como un vampiro y llamándome gilipollas. Eso sí, en las horas que se avecinaban, no volvería a perder la concentración ni un segundo: menuda bronca que le espetó Alfredo a *Fredín.*

Desde la base del Hoyo Oscuro se aprecia muy bien la subida por la arista este. Aproximadamente a media altura, se distinguen dos corredores; seguí el de la derecha. A pesar de su aspecto un tanto agreste, no supera en ningún caso el III grado y me resultó una trepada muy agradable y divertida. Todo lo contrario de la infame pedrera que conforma el descenso por la vertiente opuesta, en busca de los Tiros de Casares.

Desde la cumbre se ve elegantísimo el Madejuno y ¡uff!... ¡qué larga la cresta que tiene detrás!

La prueba, al menos para mí, de que Udaondo se ha hecho inmortal, es que no puedo sustraerme a la idea de verle aparecer en cualquier instante, por cualquier vericueto de sus Picos. Habíamos dejado a Pedro y a su banda de aguerridos en Altaiz aquel siete de junio. Pues bien, en la misma jornada, se dirigieron al Madejuno y trazaron otra ruta por la pared norte. Uno de sus lugartenientes, Julio Villar, en compañía del excelente escalador Ángel Rosen, habían dibujado en el otoño del año anterior la Vía Original de la pared, surcando la cara Noreste.

Desde Casares, para coger la canal/chimenea que conduce a la cima del Madejuno, efectúo un flanqueo por la vertiente del Hoyo del Sedo. Un paso, algo expuesto, permite ganar el pequeño filo que conduce al inicio de la misma. Esta no ofrece dificultad reseñable (II+) y se encuentra equipada con dos instalaciones para rápel.

Una vez en la cumbre, me coloco el arnés con el material que llevo: unos friends -cuatro, para ser exactos- unas cintas, algún cordino y el reverso. Y me pongo el casco, que ya iba siendo hora. Me zampo una barrita. No las soporto, pero como para haber llevado plátanos, con una semana madurando de por medio. Y me fumo un Drum trompetero.

Veinticinco minutos después y ahora sí, meto la directa y salgo a escape por la cresta a buscar el primer rápel. Mientras desciendo por él, observo de reojo a alguien a la puerta de "*Cabaña*" y me acuerdo de Mariano, que se está partiendo la cara en Santander contra un cáncer. Ojalá le tumbes, amigo. Los Picos no son lo mismo sin ti.[11]

Recojo la cuerda y voy en busca del gendarme rojo, me espatarro del todo en la chimenea para que no se me atasque la mochila, pero no se qué me ocurre en ese paso que siempre salgo resoplando. El segundo rápel -teórico- lo destrepo y continúo al Tiro Llago. Para ganar la cumbre oriental utilizo un espolón, verticalillo pero precioso y con muy buenas presas. Cuando se contempla desde Verónica la evolución de un escalador que lo esté ascendiendo, sus movimientos resultan de gran belleza

(11) Conservo -sí queréis, como homenaje a Mariano- la redacción original.

Panorámica de Torreblanca-Tiro Tirso ▷

plástica. Destrepo a la brecha que separa las dos cumbres del Tiro, punto que constituye la salida del Corredor norte -con las nieves, otra bella actividad invernal- y por las placas que miran al Hoyo de los Llagos me elevo a la cumbre principal. Apenas diez minutos me lleva el descenso de esta torre, que conozco de memoria, cruzo la Brecha Schulze y en seguida enfilo a coger la cresta de la Torre Blanca.

El Tiro Llago fue ascendido por vez primera una jornada de septiembre de 1891 por Paul Labrouche, Bernardo García, Francois Salles y Saint Saud, cuando pretendían coronar el Llambrión. Confundidos entre la encaimada, alcanzaron esta magnífica cumbre; no hay mal que por bien no venga, por lo menos, para estos incombustibles caballeros.

Rafa Fernández y Pedro Udaondo surcaron la Arista Este el veintitrés de septiembre de 1963 en algo menos de tres horas. Bastantes años después, en el 2002, con un amigo francés, Sthepan Laurent, abrimos una tarde 'La de Fransuá', una ruta limpia -solo con empotradores- a la derecha del trazado del Maestro Udaondo.

Aclaro que denomino Brecha Schulze a la hendidura que permite ganar el Hoyo de los Llagos porque allá por el año 1906, un 19 de septiembre, esta brecha vio pasar a la *locomotora germánica* cuando, de vuelta del Tiro Tirso, iba en busca de su mochila, abandonada en los pedreros meridionales.

La arista que conduce a la Torre Blanca apenas tiene algún paso aislado de III. Durante esta subida me voy planteando seriamente progresar de un tirón hasta ganar el Llambrión. Efectivamente, me detengo solo los instantes necesarios para hacer un par de fotos y continúo a la Torre Sin Nombre, que gano por el filo oriental -pasos de IV, preciosos por lo aéreos-. De nuevo se impone un rápel, esta vez de casi treinta metros y toca negociar el Tiro Tirso. En el flanqueo de IV, tras el rápel, me encuentro una cinta que abandoné el año pasado en un clavo que tiene la cabeza retorcida; seguro que le vino bien al personal. Otro pequeño resalte -éste mirando vertiente hacia el Jou Tras Llambrión con un buen patio entre los pies- y a rendir pleitesía a Don Gustavo Schulze.

La primera ascensión a la Torre Sin Nombre se atribuye a Jordi Papió y Agustín Faus en 1950. Esta montaña, magnífico regalo de la geología y una de las torres menos ascendidas de los Picos de Europa, se ha propuesto que comparta su nombre tradicional con el de Gustavo Schulze. Nuestro Saussure, nuestro Whimper, se merece sobradamente este homenaje

La primera al Tiro Tirso la efectuó Schulze en uno de sus raids más elegantes y completos[12]*. De esta ascensión, llevada a cabo por la muralla sur, contamos con el relato*

(12) Una reciente investigación, recogida en dos artículos (*Revista Ilustrada de Alpinimo Peñalara*, nº 584) firmados por Elisa Villa, Jesús Longo y el que suscribe, ha concluido que, en realidad, la primera ascensión al Tiro Tirso le corresponde al alpinista británico John Ormsby, quien la llevó a cabo en el año 1872 acompañado de Eusebio, guía de Valdeón.

que dejó en su diario y en el boletín de su grupo alpino, lo que nos permite deducir cuál fue el trazado seguido. Dicho esto, la dificultad de la ruta está por investigar, puesto que, hasta el momento, por increíble que parezca, no contamos con alguna repetición contrastada y fiable. Personalmente, del análisis de sus propias palabras me atrevo a inferir que, si en su ascensión al Picu empleó dos horas y media y en el Tirso dos horas, y a esto añadimos la descripción un tanto tétrica que hace de los pasos de las chimeneas de este último -empleando, entre otros, los adjetivos "difícil", "peligroso" y "escalofriante"-, me temo que, a falta de una próxima exploración de la ruta, debe de estar sazonada de bonitos pasos, seguramente bordeando el quinto grado. Además, cuando desde la cumbre se asoma la nariz a la pared sur por las salidas de las chimeneas, el olfato confirma la anterior apreciación. Pero como esa gran primera no debía ser suficiente. El bravo Schulze realizó aquel día otra más, al destrepar la arista oeste Después, subió al Llambrión y, de retorno al Hoyo de los Llagos, buscó el paso anteriormente citado para cruzar el muro del Tiro Llago, viéndose obligado a usar la cuerda para descolgarse por aquellos desventíos meridionales.

Como decía hace un instante, tras asomar el apéndice nasal a las chimeneas, seguí los pasos del Maestro Schulze por la arista oeste y, situado en la base del Tiro Tirso, bordeé por la derecha el contrafuerte oriental del Llambrión -unos treinta metros- para, a través de unas fisuras (III + / IV), alcanzar la cresta (II) que nos conduce a la cumbre de la torre. Gracias al registro de la cámara digital, pude comprobar que de la cima del Madejuno al Llambrión había empleado poco más de tres horas; y del vivac de Lloroza al mismo punto, siete horas quince minutos. La temperatura en la segunda cima de los Picos era más bien desagradable. Así y todo, di buena cuenta de un compañero de Integral: un *carbayón* -no era un "de Blas", era más bien de clase media-. El cielo se estaba nublando, pero las nubes tenían aspecto laminar y en altura ningún indicio anunciaba "fuegos artificiales". Contando con los veinticinco minutos largos de asueto, me iría en busca de La Palanca sobre las tres de la tarde, no sin antes contaminar un poco el aire.

En el año 1856, Casiano del Prado y Joaquín Boquerín, junto a varias personas más, alcanzaban la cumbre del Llambrión bajo la premisa de que lo hacían en la cumbre más elevada de los Picos. Previsores, desplegaron su material topográfico y hubieron de conformarse con el segundo lugar en el podium.

El primer recorrido del Madejuno al Llambrión fue efectuado en 1955 por Pedro Udaondo -como no podía ser menos-, Jesús Rodríguez, Ángel Llorente y Arturo Fernández. Posteriormente, durante un campamento de la Federación Española de Montañismo, celebrado en Áliva en el año 1964, Félix Méndez, Antonio Guerra, Alberto Besga, Javier Burgoa, Ángel Landa y Luís Alejos lo realizaron en siete horas y cuarenta minutos, catalogándolo de IV Superior.

Partí del Llambrión por la ruta de la cresteria, que siempre me ha parecido más segura que el clásico flanqueo por la vertiente de Jermoso, en el que no pocos montañeros vuelven sobre sus pasos. Pocos minutos después, unos chavales, que en aquel instante remontaban el Tiro Callejo, las únicas personas que tuve a tiro en la jornada, dieron la vuelta en el paso y me dio bastante pena. Aunque, por otra parte, tan importante como subir -o quizá más- es saber decidir cuando hay que dar la vuelta. O, mejor dicho: uno sabe subir cuando aprende a retirarse.

Desde el Tiro Callejo se asciende cómodamente a la Torre de Las Llastrias, un tramo francamente agradable y con cierta y particular belleza. Una vez superado el sector Llastrias/Llambrión, la Integral vuelve a doblar al oeste, comenzando, en los últimos quince metros, un descenso bastante pronunciado que lleva a alcanzar la característica horcada rojiza que asciende del Hoyo del Llambrión, utilizada en ocasiones como variante al Tiro Callejo. Este sector resulta un tanto delicado por lo empinado y por el estado de la roca.

Ganado este punto, se afila de nuevo la cresta y crece la exposición a la vez que la plástica; los pasos, bastante aéreos, se dejan hacer y nos conducen definitivamente a los contrafuertes de la crestería oriental de La Palanca. El primero de ellos se supera con algún paso algo difícil; el

Panorámica de Collado Jermoso desde Las Colladinas ▷

segundo, y definitivo, lo flanqueé por la vertiente sur, en una travesía ascendente de unos veinte metros, delicada y expuesta, que se abre sobre la canal que desciende al fondo del Hoyo del Llambrión y que, a la postre, fue el único lugar, excepto los rápeles, dónde usé la cuerda, a pesar de que mi amigo *el Comeorejas* insistía en que me lo daba bien sin asegurar.

Superado el resalte, nueve horas y un cuarto después de haber partido de los Hoyos de Lloroza -eran las cuatro y media de la tarde-, en apenas cinco minutos di con mis huesos en el balcón excepcional de La Palanca.

La regla general tras cumplir un objetivo es quedarse en blanco; como si a uno se le vaciara el alma. Sin embargo, en esta ocasión, no pude por menos que emocionarme por el regalo impagable que acababa de recibir. Había efectuado el recorrido solo y no me refiero al aspecto meramente técnico, sino a la práctica y completa soledad que hoy en día es difícil de percibir en los Picos de Europa.

Me dio la impresión -que aún conservo a la hora de redactar estas líneas- que el homenaje que pretendía ofrecer al Maestro de solitarios me era devuelto, íntegro, en esta mágica e inolvidable jornada.

Aún descendí a Jermoso. Allí, el guarda más sacrificado de los tres macizos, tuvo a bien invitarme a unas cañas de barril, gloria pura. Ya de atardecer, cogí la senda de Las Colladinas y dirigí mis pasos por todo el sur de la Integral, rumbo al vivac de Lloroza, mientras el sol se deslizaba en un silencio, casi místico, por detrás de la reina de los Picos de Europa, Peña Santa.

El ocaso me cogió rebasada la Colladina de las Nieves, ya en la canal San Luis…

Las linternas de petróleo, tal que luciérnagas temblorosas, iluminan los caminos de la mina. Los últimos bravos mineros descienden al campamento en animada charla. En él, alrededor de un fuego sencillo y noble como ellos, un visitante de extraño acento toma notas a lápiz sobre un cuaderno. Sobre la gran muralla ancestral de Peña Olvidada, Casiopea va prendiendo a sus estrellas.

El alpinista

A Javi y Vicky

"Declararon la empresa imposible y a nosotros, que la intentábamos, locos de remate. Y llegamos a la cima y nos vieron encaramados en ella y al bajar y decirles : «¿Ven ustedes cómo hemos llegado allá y cómo es posible subir a esa pingorota?», nos contestaron: «¡Otra! Pero pudieron ustedes matarse...». Y yo repliqué: «Sí pudimos habernos matado y éste es el mayor encanto de haber subido, el que pudimos matarnos al subir".

Miguel De Unamuno: *Viajes*

La ambición, el motor del mundo. Había caído en sus redes y todo lo que sucedió después no era sino el devenir indefectible del destino. Un deseo irrefrenable, alimentado a lo largo de dos décadas, me empujaba hacia aquella escalada. Ni siquiera recordaba cómo aquella loca empresa se había instalado en mi persona pero, cual si fuese un apéndice, una extremidad con sus arterias, músculos y terminaciones nerviosas, vivía y se alimentaba de mi sangre, de mis pensamientos. Fuese cual fuese la ascensión a la que me llevaran mis pasos, en cuanto mi mente bajaba la guardia, ¡allí estaba esa maldita pared!

¿Sabéis lo peor? ¿Lo pésimo? Que sabía a ciencia cierta que me traería problemas. Y ahora estaba de lleno en ellos, metido hasta el cuello en un jardín de berenjenas y con mala salida, si es que había alguna.

Como comienzo de toda una suerte de dislates, yo andaba cojo desde hacía tres horas: un puñetero crampón se había roto. Porque sí. Como pude, había amarrado el automático de la caña al talón con un cordino pero, cada media docena de patadas, el crampón se aflojaba y se salía de madre, al tiempo que yo, a la pata coja, o como fuese, intentaba alcanzar el final de aquel nevero infame. Estaba claro que alguien tenía la sartén por el mango y que ese alguien no era yo. Por otro lado, el tiempo, inicialmente garantizado por la meteo, se torció como la manteca al sol. Había comenzado a nevar y cada minuto que pasaba lo hacía más intensamente. En principio, teniendo en cuenta que la fuerte pendiente no retenía el sudario de cristal, no me afectaba gran cosa, pero adivinaba que en la parte superior de la montaña la nieve se iba acumulando a marchas forzadas y que la gravedad haría su trabajo en breve, como así ocurrió. Aguanté media docena de embates anclado a los piolets -no tenía donde esconderme- hasta que, rugiendo como una fiera, con garras que eran piedras de todos los tamaños, llegó el condenado alud que me arrancó de la pared.

La sala era de un blanco desconocido para mí: blanco fluorescente, sin una sombra. Había a lo largo del perímetro de la habitación unas hileras de sillas también blancas, ergonómicas; muy cómodas, la verdad. Tardé unos minutos en intentar ubicarme y, aunque no lo conseguí en absoluto, al menos sí recordé que había salido volando nevero abajo.

Tenía un aspecto infame, embarrado de los pies a la cabeza. El pantalón de tempestad estaba hecho jirones y la muda interior asomaba por doquier. La chupa parecía un ecce homo, arrasada de cortes. Me faltaba una bota, la derecha; la siniestra, con media suela despegada y la caña destrozada, hacía honor a su nombre. No tenía mochila, ni guantes, ni casco. Curioso: del masacrado cordino, colgaba el crampón de los huevos.

Sin embargo, yo estaba intacto. Y justo al darme cuenta de este detalle, comencé a mosquearme seria y cabalmente. No sé cuánto tiempo estuve dándole vueltas al asunto. Desde luego, si aquello era lo que parecía, la cuestión tomaba un sesgo preocupante. Aunque, por otra parte, si podía exprimirme la mollera, debía ser que la cosa no iba tan mal. O eso creía yo en el preciso instante en el que, en la inmaculada pared, se abrió un hueco, un portal, y... ¡madre mía, qué aparición! Envuelta en un sari carmesí, surgió la morena más espectacular que los siglos hayan visto.

- *"¿Tendría la bondad de acompañarme?"*

La pregunta y el condicional sonaron imperativos, pero, aún así... ¡qué voz!: la dulzura del violín, el color del clarinete, el hechizo del arpa... A su lado, *la Callas* hubiera palidecido de envidia

- *"¡De mil amores!",* repliqué entusiasmado, como Tejure.

Pasamos a un pasillo tan aséptico como la estancia anterior. De pronto, se paró en seco. Yo, que caminaba como un perrillo tras aquella beldad arrastrando el crampón por el suelo, hube de realizar una maniobra evasiva para no llevármela por delante. Algo me dijo que, por el momento, era mejor guardar las distancias. De la pared, como anteriormente, surgió de la nada una pequeña alacena. La diosa recogió una túnica naranja y unos zuecos que me entregó y, con una sonrisa encantadora -en el sentido etimológico de la palabra- me espetó:

-*"Puede usted asearse. Estamos en el infierno, no en una cochiquera".* Y con una fuerza sobrehumana me empujó a la ducha.

La sonrisa de imbécil que estaba esbozando se quedó en eso, en una mueca estulta. A pesar del agua caliente, hubiera sido la más fría ducha de mi vida si no hubiese sido la primera de mi muerte. Y mentiría si os dijera que no la disfruté. Al menos, aquí -pensaba- no tendrán problemas para calentar el agua.

No me sentaba mal el trapo aquel. A caballo entre un kimono y una bata, era de suave tacto. Y los zuecos, que eran de mi número, un auténtico bálsamo, acostumbrados como estaban mis pies a las pesadas botas y a los endebles pies de gato.

Cumplí encantado la orden de la diablesa de mis entretelas. El umbral escamoteable dio paso otra vez al corredor, donde, con un gesto de aprobación, me indicó que la siguiera. Medio hipnotizado tras sus caderas bamboleantes me encontré de pronto en un inmenso e impresionante espacio: si el mármol de rosadas vetas que mancillaba mi caminar no era Carrara, se le parecía mucho. A lo largo y ancho de aquella inmensa pieza cuadrangular, unas columnas salomónicas, paralelas a las murallas perimetrales, formaban una suerte de claustro. Por él, cientos de seres vestidos con túnicas azafrán departían en animados corrillos o paseaban. La garota infernal hizo una reverencia y desapareció.

En el centro de aquel universo, una inmensa fuente enmarcaba un pedestal ciclópeo que sustentaba una estatua de bronce: el Ángel Caído. Sí, sí, la misma obra que firmó Ricardo Bellver y que los *madriles* tenéis en el Retiro, pero a una escala inconcebible y en un bronce pulimentado hasta la textura del titanio. Los techos se elevaban tan altos que daban vértigo y eran negros. “Mármol de Calatorao”, me dije. La impresión que causaba al espíritu aquella magnificencia era sublime.

Tras asimilar la epatante visión, no me fue difícil buscar acomodo al lado de una hermosa joya jónica.

Un grupo cercano destacaba por sus grandes voces, emitidas, por supuesto, en castellano. Con cierta solemnidad -debía ser la túnica- acerqué mis pasos y me dirigí a un personaje que, en aquel instante, no pronunciaba palabra; el resto hablaba a un tiempo:

- *"Buenos días nos dé Dios"*.

De no se sabe dónde, una voz potente y gutural ocupó todo el espacio del palacio.

- *"¡Hombre, ya tenemos a otro gracioso con Nos!"*

Para qué negar que me acojoné bastante.

El grupo de compatriotas se me quedó mirando un segundo y comenzaron a saludarme todos a la vez, como es de recibo. Tras las presentaciones, continuaron el debate. Hablaban de fútbol. Aproveché el contubernio Madrid-Barça e hice un aparte con el personaje al que me había dirigido en un principio. Se llamaba Ramón, era peón de albañil y, lo que son las cosas, se había caído de un andamio. *Quid pro quo*. A cada cual, lo que le toca. Le relaté lo mío y congeniamos rápidamente. Por su parte, me contó que era de Cee, a un paso de Fisterra, y que no le gustaba el balompié, de ahí que no abriera la boca -la otra opción es que hubiera sido mudo-. Coincidimos ambos en la manera de entrar en el averno, con la salvedad de que, a él, le había tocado una rubia por anfitriona. Se nos acercó en aquel instante una chica de Valladolid, muy guapa por cierto. La había diñado de cáncer de pulmón, dos cajas de Marlboro al día. Por probar si había tabaco, le pedí un cigarrillo y de la columna jónica, por enésima vez, se abrió una compuerta mágica que me sirvió un paquete de Winston, lo que fuma un servidor. Empezaba a gustarme la maquinaria infernal.

La muchacha, Pilar era su gracia, nos contó que a ella la recibió un maromo de armas tomar, por lo que leí entre líneas que el tipo marcaba inmenso bagayo.

Mon, al cual, como buen gallego, fiaba bastante su capacidad de adaptación como emigrante, nos comentó que aquello parecía ser un centro de recepción y reparto de destinos, ya que había observado como a la vez que se sumaba gente nueva, otra iba desapareciendo de los grupos. Calculaba que pronto le tocaría marchar, puesto que apenas quedaba nadie de los que se encontró a su llegada. Y bajando la voz arguyó:

- *"Yo, si es por oficios, quiero ir al infierno español".*

- *"Coño, Mon, y eso... ¿por qué?"*

- *"Esto me lo dijo un paisano tuyo, asturiano, trabajando en Ginebra. Todos los infiernos de los peones albañiles son iguales: una inmensa pila de mierda, un carretillo y una pala. Tienes que cargar el carretillo y mover el montón de mierda del sitio una vez y otra, por toda la eternidad".*

Pili, con los ojos como platos, preguntó:

- *"Pero, sí son iguales ¿Por qué eliges el español?".*

- *"¡Carayo! En el infierno español, cuando hay mierda, falta la pala; cuando hay pala, falta la mierda o el carretillo; y el día que está todo y hay tajo, suele ser jueves, cuando descansa Pedro Botero, el encargao...".*

La Pili y yo nos tronchamos por los suelos de Carrara. Pero un rato después me preguntaba: *"Y... ¿cómo diablos será el infierno alpinista?".* Para mi desgracia, se me ocurrieron un par de cosas.

Aún me recuperaba del dolor de abdominales, cuando el son de una campana reverberó en el aire llenándolo de armónicos de una sutileza celestial -o infernal- que empezaba a hacerme un lío.

- *"Ahora verás",* dijo el de Cee.

Los condenados, a un tiempo, comenzaron a caminar hacia uno de los fondos. Se desvaneció el mármol como si fuese humo y, como por ensalmo, apareció un gran frontispicio. Rebasamos el umbral y... me quedé sin aliento. No os dije antes que, en un cálculo aproximado, había estimado que podríamos ser varios miles. Ya no me quedó duda alguna. Unas mesas corridas, en número de veinte y dispuestas en paralelo, albergaban doscientas sillas a cada mano por unidad. Una avenida central dividía en dos partes aquella disposición y, en su final, sobre un estrado, otra mesa, de una factura imposible, presidía imponente. En su centro, un trono elevaba al menos seis metros su respaldo y, aunque la distancia lo impedía, no era difícil imaginar la riqueza de formas arrancadas a la madera.

Cada alma disponía de su propia silla -me pareció madera de cerezo, aunque la ebanistería nunca fue mi fuerte- con su nombre tallado en el respaldo de filigrana. No me extrañó lo más mínimo que mi lugar estuviera entre Pilar y Pepe.

Se hizo el silencio y todos nos quedamos de pie frente al asiento. De súbito, por la arteria principal, surgió una comitiva. Exhibiendo una majestad inaudita, aquellos príncipes y princesas inclinaban levemente la cabeza al pasar, saludaban. Al frente del grupo, un personaje de rasgos perfectos y diáfana sonrisa avanzaba sin rozamiento, parecía flotar. Poco a poco, cada uno ocupó el lugar que le correspondía y, finalmente, lo hicimos todos. Él fue el último en tomar asiento.

La mesa era riquísima, la cubertería de plata poseía el pulimento del marfil y, cómo no, las iniciales enlazadas, grabadas a buril, ostentaban un relieve que transformaba la luz hasta difractarla. No pude sustraerme a la tentación de golpear la boca de una copa con el índice: el sonido resultante pareció sostenerse minutos en el aire.

El centro floral que tenía frente a mí enmarcaba una docena de gérberas y otras flores silvestres, dispuestas entre helechos. Levanté la vista: las paredes construidas con bloques de piedra caliza estaban adornadas con tapices descomunales, decorados con las figuras imponentes de unos guerreros que portaban armaduras negras, cada uno identificado con su nombre. Alucinado, comencé a leer: Andramelek, Abadón, Asmodeo, Astaroth… De manera intuitiva, dirigí la vista a la zona situada por encima del trono, donde un tapiz ligeramente más grande que los otros rezaba: *Phosphoros, el portador de luz*. A su derecha, *Barack, el rayo caído*. A la izquierda, *Leviatán, el almirante*. El siguiente rostro me resultó conocido, no en vano, había pasado ante mí: *Belial, el abismo, la destrucción*. Puedo jurar, que a pesar de la distancia, el General esbozó una sonrisa cuando me fue imposible evitar mirarle a los ojos.

Tan absorto me encontraba que apenas me di cuenta de que una legión de mayordomos y camareros habían empezado a servir el banquete. Sobra decir que la hostelería del Averno posee, al menos, una docena de estrellas Michelín. Pantagruélico. Ante nosotros desfilaron los manjares más exquisitos: carnes y pescados con matices y sabores inenarrables, mariscos únicos… A Ramón, el de Fisterra, se le salían los ojos de las órbitas. Y los vinos… ¡ah, qué caldos! Irreconocibles al paladar de un mortal, para que me voy a extender en este punto… Ya os tocará, ya. Eso sí, a los postres… ¡pobres monjitas! ¡qué menguadas quedarían aquí sus delicias! Le pedí a un camarero un orujillo y… ¡que el demonio me lleve si no era de Liébana!

Aquella sobremesa, resultó exquisita, deliciosa. Un sumiller se dirigió a nosotros con un carrillo de habanos. A mi turno, no pude evitar vacilar entre un Montecristo nº 4, un Siglo VI de Cohíba y un serie D nº 4 de Partagás. Con un elegante gesto me dijo:

- *"Quizás el señor prefiera encender el Montecristo. Acompaña espléndidamente a la digestión".*

Asentí agradecido y en una pequeña bandeja me sirvió todos los ejemplares objetos de mis dudas, así como un Churchill y un Lancero. Antes de irse, sacó del bolsillo de su chaqué un sacabocados que me entregó.

- *"El señor puede quedárselo y, por favor, disfrute los habanos. ¿Desea el caballero que se lo encienda?"*

- *"Faltaría más ¡Muchas gracias!"*

Solo cuando comencé a saborear el veguero caí en la cuenta: la guillotina de acero, que estaba montada en oro, llevaba mis iniciales. En ese momento, Pilar me enseñó un mechero, también de oro de ley, festoneado de brillantes.

- *"Mi primer día",* comentó ella.

Un par de detalles llamaron poderosamente mi atención. El primero, que nadie parecía preocupado por su suerte. En nuestro círculo se sentaban un par de músicos que se habían dejado el pellejo en una comarcal. También una anciana maestra de escuela, simplemente vencida por los años. Y un cartero, a quien su corazón le había despachado al otro mundo. Un arquitecto de Barcelona y un pescador de altura se habían ido a pique: el primero con su yate, el segundo caído por la borda en el Gran Sol. La conversación pasaba de la mar a la montaña, del andamio a la partitura, de las Torres Gemelas a la Seguridad Social -Pilar había sido enfermera-, mas, de las expectativas de cada uno... ni palabra.

El otro detalle sorprendente era que, habida cuenta de que tanto los caldos como los licores espirituosos habían corrido en abundancia, incluso en demasía, resultaba asombroso que nadie, en ningún lugar, pareciese perjudicado. Además, ni por asomo se oía una discusión subida de tono.

Llegado el momento, animada y ordenadamente y con el séquito del General encabezando la procesión, fuimos abandonando el comedor por el mismo pasillo por donde habíamos venido. Ganado el palacio jónico, otra sorpresa: estaba amueblado con toda suerte de sofás, sillones y triclinios con sus correspondientes mesas. A pesar de la mezcla inaudita de estilos y formas, el conjunto resultaba de una extraña belleza. La iluminación principal, que parecía emanar del propio mármol, estaba ahora atenuada de una forma tal que las lámparas sitas en cada combinado ejercían una atracción hechizante. El arquitecto catalán escogió para nuestro grupo un espacio *art déco* y he de decir que lo hizo con muy buen tino. Sobre la mesa de palisandro el cromo dibujaba una pantera saltando sobre un antílope.

Dispuestos en pequeños montoncitos había unos programas. Me mudó el color: concierto para violonchelo y orquesta op. 104 de Antonín Dvořák. Orquesta Real del Concertgebouw bajo la dirección de Willem Mengelberg; solista, Mstislav Rostropóvich.

De cómo instantes después accedí a la sala de conciertos o de la partitura, la orquesta, el director, el solista, incluso del propio espacio acústico... de todo ello tengo un nebuloso recuerdo. Quiero pensar que mi alma, aún lastrada por las imperfectas aristas de la vida terrena, era incapaz de asimilar tal cúmulo de maravillas. También puede ser que tanta belleza me hubiera empujado en un éxtasis lisérgico a otro plano o que, simple y llanamente, sea imposible hacerlo.

Dejamos el nirvana. De nuevo ante la efigie del Ángel Caído, los pórticos mágicos daban paso a la multitud que abandonaba otros salones y estadios en cada uno de los cuales habían presenciado un espectáculo diferente. Por el colorido, llamaba la atención la salida de un Argentina-Brasil. *"A doses"*, calculé yo, al tiempo que pensaba: *"Por estos lares estarán esperando como agua de mayo a que la diñen Pelé, Maradona y el Messi"*. Distinguí a lo lejos a Mon, que había disfrutado de un concierto de música celta. Ya no le volvería a ver: mi diablesa me estaba esperando.

- *"¿Puede usted seguirme, por favor?"*.

Y esta vez su hermosa voz sonó extrañamente amable, incluso servil. Como detecté el hueco en el flanco, osé preguntar:

- *"¿Adónde me llevas?"*

Pero cerró filas…

- *"No me corresponde facilitarle esa información"*.

Ganamos un pasillo semejante al de mi ingreso y se produjo una maniobra parecida a la de aquel momento.

- *"Por favor…"*

Su satánico bombón me condujo a una especie de boutique de caballeros, atendida por un sastre singular de amanerado trato. Ropajes, tejidos y cortes recorrían el tiempo de la humanidad y, entre ambos, me dejaron planchado. Parecía un lord del Imperio.

El corredor había mutado en una vereda de tierra donde esperaba un carruaje victoriano, exquisitamente enganchado a ocho purasangres españoles. Un palafrenero sostenía la puerta abierta. Le eché una última mirada a mi *Vampirella*, que me despidió con una reverencia y subí.

Atardecía. Durante unos minutos el camino discurrió a través de un bosque de carbayos de venerable edad, una selva paradisíaca por la que el cochero iba guiando al trote con singular maestría. El sol había rebasado el horizonte cuando salimos de la fronda y nos internamos en unos prados apacibles e inmensos, de los que surgía una imponente mansión. Giró la carroza alrededor de una plaza y se detuvo frente a las escalinatas de entrada. Descendí. Los prados, aunque estaban cuidados, eran vírgenes: no se apreciaban jardines ni parterres, pero en el mismo centro de la glorieta un árbol extraordinario presidía aquella naturaleza.

No lo pude evitar:

- *"El árbol de la Vida y del Bien y del Mal…",* musité.

Y en mi cabeza resonó una voz…

- *"Correcto"*.

Me recibió un conocido, podría jurarlo: aquel mayordomo era el mismo sumiller de los puros.

- *"Avant monsieur. S'il vous plait"*.

Atravesando un hall exquisito, seguí al solemne servidor hasta una gran puerta. La abrió.

- *"El Señor le espera"*

- *"Gracias Bautista"*. Lo dije con sorna, pero no pareció darse por enterado.

Accedí al salón, en realidad una biblioteca cuajada de hermosos volúmenes. Frente a una chimenea, Él estaba en pie.

- *"Buenas noches Alfredo. Encantado de contar con tu presencia, aquí, con Nos"*. Y sonrió.

- *"Muito obrigado, Maestro"* -Fredooo… no te pases, pensé inmediatamente-.

- *"Nooo... Questo bene: la lingua degli uomini sono uno dei miei punti deboli"*.

Y, amablemente, con un gesto, me invitó a tomar asiento en uno de los dos sillones que se situaban frente al crepitante fuego.

- *"¿Una copa?... ¿orujillo de Liébana?"*

Asentí encantado. De inmediato, Bautista hizo su entrada con una bandeja.

- "Tenía cierto interés en conocerte personalmente. Desde que inventasteis el alpinismo he seguido vuestros afanes con atención. Siempre subiendo y bajando. Vuestra afición me trae buenos recuerdos, digamos, de juventud. Además, me causó un gran placer que tu amigo Christian, bonito nombre y tú, me dedicarais una vía. Es de agradecer que se acuerden de uno".

- "El mérito es de sus satánicas majestades, señor".

- "También, también. Esperamos con impaciencia sus conciertos".

- "Me encantará asistir, si ello es posible".

- "Sin duda. Como habrás podido apreciar, nuestra programación es universal, contamos con los mejores..."

- "¿Podría hacerle una pregunta?"

- "Ya: el cielo, la Trinidad y toda la corte. Sinceramente: esperaba más de ti. Aunque, ¡qué se le va a hacer!: todos preguntáis lo mismo. Tienes toda la eternidad por delante para comprenderlo. Pero ¿no te parece que allá arriba hay demasiados jefes? ¿Qué el Paraíso se oferta tal que unas vacaciones en Punta Cana? ¿Qué el Jannat al-na'im, el jardín islámico de las delicias, es en esencia un burdel? Y, por otra parte, si fuera cierto lo que de mí se cuenta y mi labor fuese corromper al ser humano, ¿no resultaría muy fácil ese

encargo para el poderío que se me atribuye? Si hubiere de atrapar las almas de los hombres malvados para torturarlas 'Ad eternum', ¿no estimas que me aburriría inmensamente? Estaría preso del mundo de la política y los negocios. Solo con sentarme bajo La Piedad de Miguel Ángel, me hartaría de cosechar entre la curia vaticana".

A estas alturas del discurso, me había puesto colorado...

- *"Estoy mucho más cerca del Bosón de Higgs que de los cuentos de los profetas. ¿Cuál, para ti, es el polo bueno? ¿El positivo o el negativo? ¿Dónde esta el Bien? ¿En el Ying o en el Yang? Maldecís al lobo, que es noble y valiente y veneráis a la rata del aire, a la paloma. ¿Por qué santificáis el día abrasador y negáis a la noche, cuajada de estrellas? Tras siglos de abrasar ánimas, los teólogos niegan ahora mi infernal cometido ¿Cui prodest? ¿A quién beneficia? Vuestro Dios es un producto del miedo y yo soy vuestro Terror. Resulta sencillo achacarme vuestras guerras y genocidios, pero ¿cuántas y cuántos de ellos se han hecho en nombre de Dios? Hay que ver las atrocidades que sembráis por todo el orbe... Luego, os confesáis ante un curilla imberbe y asexuado y aquí paz y después gloria. ¡Qué fácil! ¡Qué cínico! ¡Qué inmoral!".*

El aire se saturó de electricidad estática y de ozono: si hubiera llevado piolet hubiera comenzado a crepitar.

Me bebí el orujo de un trago.

- *"¿No pensarás que estás ante un Lord de la Reina? ¿No creerás lo que ves...? Armaduras, generales, carruajes, mayordomos... Por cierto: ¡muy bueno lo de Bautista!* –apuntilló con una sonrisa. *Incluso, en vuestro ínfimo conocimiento ya sabéis que toda percepción es engañosa, pero, así y todo, pretendéis poner un Creador del Universo a los pies de un pobre simio que habita un cuchitril en el último de los sistemas planetarios".*

Y leyéndome de nuevo el pensamiento, continuó:

- *"Pero no lo dudes: cada puerta que abráis en la Física, os conducirá a una encrucijada geométrica multidimensional. Y así, hasta el infinito".*

Tragué saliva.

- *"Disculpa mi apasionamiento, ya que también sois capaces de captar atisbos de la Verdad. Limitadamente, pero lo hacéis: a través de la música, de las matemáticas... Las Bellas Artes son los verdaderos portales al conocimiento".*

De pronto, sus reflexiones experimentaron un giro:

- *"Bueno, quizá te esté aburriendo... Cristiano, ¿verdad? Pasaste por la pila, ¿no es así?".*

Aquí, recuperé la dignidad.

- "*Yes, Master. A purgar un empacho de manzana. Por cierto: ¿no andarán por ahí el señor Mallory y el señor Irvine? Quisiera hacerles una pregunta...*".

Su risa resonó por toda la biblioteca con un zumbido electrizante que se hacía más y más fuerte por momentos...

- *"He seems to react!"*

- *"Ok. Pass the notice to the hospital"*.

El rotor rugía poderoso. Apenas abrí los ojos unos segundos y, por unos instantes, atisbé la imponente y negra pared que dejábamos atrás.

- *"¡Demonios!"* Y me desmayé.

- "*What did he say?*"

- *"I don't know... Spaniards are really crazy!"*

Jamás se me hubiera ocurrido transcribir estas alucinaciones de no haber sido por la visita al hospital que me hizo uno de los rescatadores suizos -hijo de emigrantes españoles- dos semanas después del accidente.

- *"Cuando te rescatamos de la parte inferior del nevero* -me dijo- *llevabas esto fuertemente apretado en una mano".*

Y me entregó un sacabocados con la cuchilla de acero montada en oro y con mis iniciales grabadas a buril.

- *"Y los puros, ¿qué? ¿Os los fumasteis?",* le espeté en la despedida al pobre suizo.

El último espolique

A los guías de Picos

"... Escogí el oficio de guía...
y me sentí desde entonces capitán de mi vida".

Gaston Rébuffat

Corría el año 1864 cuando el Faro de San Emeterio, cercano a Tina Mayor, horadó por primera vez la noche cantábrica lanzando sus destellos quince millas mar adentro. Por parecidas fechas, también dio luz al cabotaje el de la Punta de Tazones, cuya linterna alumbraba al marino con siete millas de alcance. En la misma época, otra señal fija -ésta situada en la Punta de la Atalaya, junto al viejo fuerte del siglo XVI que defendía la villa de Luarca- parecía querer iluminar no solo el mar, sino también tierra adentro, apuntando a la carretera recién inaugurada entre la noble villa y la capital de Asturias.

Esta nueva vía iba a traer prosperidad y riqueza al concejo de Valdés, pero antes de que por ella establecieran su ruta de diligencias las empresas *Ferrocarrilana y Montañesa,* o de que la compañía el *El Luarca* introdujera sus trenes de pasajeros con máquinas de vapor, una braña valdesana, la de Leiriella, ya surtía de arrieros a las pueblas occidentales. Para los *vaqueiros de alzada*, verdaderos maestros trashumantes, denostados durante centurias por su independencia y especial desapego a las sotanas, las veredas y pasos que conducían a Castilla no guardaban ningún secreto.

Los viejos caminos y sendas de herradura que, durante siglos, habían servido a los hombres alcanzaron con el Imperio Romano un nivel desconocido hasta entonces: miles de kilómetros de arterias irradiaron del centro del mundo, comunicando los vastos territorios bajo su dominio. Pero, tras la caída del poder de Roma, aquellas vías fueron abandonadas a su suerte: cesó el mantenimiento, los tráficos de bienes y personas se desplomaron y las legiones dejaron de guardar las fronteras del antaño poderoso estado.

A pesar de que, con el tiempo, los meteoros arrasaron los empedrados de miles de leguas de calzadas repartidas por todo el orbe conocido, la ingeniería romana venció el paso de los siglos y muchas de sus construcciones, puentes y acueductos resistieron, impávidas, a los elementos. Las selvas no consiguieron ocultar los caminos carreteros y durante la edad oscura sus trazados continuaron siendo usados por los osados viajeros que, arrostrando mil peligros, seguían aquellos rumbos plagados de bandidos: unos, forajidos al uso; otros, señores feudales de la espada, de la cruz o de ambas armas, quienes gravaban los desplazamientos a fuerza de peajes dispersos por encrucijadas, cañadas y pasos de montaña.

Durante los siglos en los que España fue dueña del mundo y nuestros navíos exploraban los confines del mar océano, apenas se viajaba por la piel de toro. Cervantes nos habla de una Mancha desierta de hombres y hace de cada encuentro novedad y reseña, utilizando esos momentos, uno a uno, como recurso para insertar una épica aventura. Alonso Quijano se ve Quijote en el espejismo manchego. La calima recorta abrasadora el horizonte mientas muda en castillos a las ventas, que no son sino oasis en los solitarios páramos. ¿Cómo no habría de trocar molinos por gigantes y churras por legiones? ¿Cómo no hacer princesa de Aldonza Lorenzo? En la soledad de los campos manchegos, abrasados por el sol, anegados por el polvo y batidos por el viento, ¿cómo sustraerse a que todo se transforme en quimeras difractadas?

En la práctica, solo el Honrado Concejo de la Mesta de los Pastores de Castilla dio vida a los caminos exportando sus ricas lanas a toda Europa. Y lo hizo a lo largo de seiscientos años, hasta su abolición en 1836. Por la cantábrica cornisa, a ambos lados de la cordillera, el Camino de Santiago generó cierta fluidez en los intercambios culturales, pero poco más. No es de extrañar que, hasta llegar a las postrimerías del siglo XIX, cuando se concluyó la primitiva red de carreteras, orgullo de la modernidad, los viajes se realizasen en caravanas en las que decenas de personas se agrupaban con el objetivo de darse apoyo mutuo, tal que si en vez de ir a cruzar Castilla fuesen a atravesar el Gobi rumbo a Cipango.

Un párrafo de *"Impresiones de un viaje"*, artículo de Mariano José de Larra, deja un vívido testimonio de lo que la experiencia suponía:

"Una endeble empresa sostiene la comunicación (Madrid-Badajoz) por medio de las galeras mensajerías aceleradas, que andan sesenta leguas en cinco días; es decir, que para llegar más pronto, el mejor medio es apearse. Por otra parte, son tales, que galeras por galeras, se les pudieran preferir las de los forzados; solo de quince en quince días sale una especie de coche-góndola con honores de diligencia. Servida además esta empresa por criados medianamente selváticos e insolentes, no ofrece al pasajero los mayores atractivos; añádase a esto que por economía, o por otras causas difíciles de penetrar, durante todo el viaje paran sus carruajes en la posada peor de todo el pueblo, donde hay más de una".

La galera infernal que Larra dibuja antecedió a la diligencia y, para ponernos en situación, recordemos que solo al final de su existencia, aquellos carros admitieron amortiguación. Un entramado de cuerdas de esparto era el fondo que unía los dos ejes fijos que armaban a las ruedas. Sobre la red se tiraba una cubierta, que alguna vez había sido acolchada y sobre ella se asentaban los bultos, mercancías y equipajes, aprovechando sus cantos y esquinas para introducirlos en los cuadradillos de la malla. El carrozado lateral de barrotillo impedía la inclemencia con una cubierta exterior encerada y una espartana estera por el interior. El techo era de lona. El acceso, trasero. Con lo que el destino hubiera dispuesto -acaso, con mucha suerte, un colchón-, el galeote, más que viajero, intentaba impedir la molienda de sus huesos situándolos sobre la carga. Y así, de esta manera, comenzaba el viaje. La distancia entre ejes oscilaba entre tres y cuatro metros; apenas metro y medio separaba a las ruedas. Los tiros admitían hasta ocho mulas, que eran indistintamente enjaezadas en parejas o en hilera. Cualquier otro andar que no fuera al paso hubiera sido suicidio. En las mejores condiciones de navegación, la velocidad no superaba las nueve o diez leguas diarias. Posadas y ventas son capítulo aparte, harina de otro costal.

Imagínate, pagado nauta del tren volador, el resultado de una buena pitanza a base de gachas de pastor, con su compaña de morcilla, chorizo y torreznos adornada de pimentera fritanga y de unas sardinas arenques. Deja volar tus sentidos, sobremanera el olfato e imagina al pasaje en tormentosa digestión dando *palos al rosal*, pero en galera, no en AVE. De la Villa de Jovellanos a Madrid, echar una docena de jornadas era de albricias. Partir en Creciente y llegar con Nueva, lo normal.

La arriería llevaba por bandera la honradez y autores diversos dan cumplida fe de esa virtud. Mi paisano

Jesús Evaristo de Casariego tuvo a bien transmitirnos el código de conducta del oficio, unas normas que, antaño, hubieron de correr de boca en boca: *"Paso largo, vista más larga aún; mano izquierda; palabra como escritura; gramática parda; decir a todo el mundo mucho sí y poco no; no fiarse ni del ronzal de la propia mula y, sobre todo, honradez suma en el manejo de dineros ajenos, que son cosa sagrada"*.

Una ocupación singular llama la atención dentro de este animado mundo: la de *espolique* o mozo de espuelas. Su labor consistía en acompañar, cuidar y asistir caballería y viajero. Siempre a pie. Cumplido el alquiler, retornaba el animal a la posta de origen. Un guía, en definitiva. En los crudos inviernos alumbraba la senda a la luz de una antorcha. Durante los estíos sabía encontrar los manantiales más frescos. Debía, en buena ocasión, llevar al viajero a honesta posada y advertirle de cuchitriles y piojos, de malos yantares y aguados vinos. Al igual que los mayorales de diligencias y galeras, podía portar armas, lo que alejaba el peligro de asaltos durante las travesías. Era, en muchas ocasiones, correo y mensajero. Algunos de los más veloces y fiables llegaron a realizar esa labor en exclusiva. Aún se recuerda en Luarca al sin par Sindo, quien, campo a través y por atajos y secretos caminos, recorría los más de ochenta kilómetros que separan Luarca de Oviedo en menos de una jornada, logrando prosperar en la arriería gracias a su buen hacer.

De esos ya míticos espoliques encontramos referencia sobrada en la literatura. Baste el ejemplo que Benito Pérez Galdós nos lega en magnífica prosa, la que adorna sus Episodios Nacionales. Las líneas siguientes pertenecen a *"De Cartago a Sagunto"*.

"[…] Como encantada por achaque de brujería o maleficio, no lo creo, señor -replicó mi espolique-. Ahora, si achacamos a encantamento el golpe de gente, el rebullicio, el entrar y salir de oficiales, curas, mujeres de toda laya... con perdón... todos pidiendo de comer, comiendo el que puede, éstos borrachos por el mosto, aquéllos por el meneo de los naipes... si es así, la casa de Irucheta está dada, como quien dice, a todos los demonios."[…] Ya entraba la luz solar en la habitación cuando dije a mi espolique: mientras yo me levanto vete callandito a la cocina, manda que me aderecen la riquísima esencia de castañas que aquí llaman café y me la traes con abundante leche bien caliente para desayunarme. Para ti pides el chorizo y panazo que te gusta. En cuantico que metamos ese lastre en el cuerpo recogemos nuestros bártulos, bajamos de puntillas sin que nadie nos vea, pagamos la cuenta, ensillamos el jaco y salimos pitando de esta condenada Tafalla".

Desconozco de dónde le viene a Don Benito el cariño por Tafalla. Máxime, cuando el *Corsario* de Navarra dibujó un notable episodio nacional en su enclave. Francisco Espoz y Mina, atacó en 1911 la plaza, ocupada por los gabachos, logrando arrebatársela al año siguiente.

La mora *Al-Tafaylla -"donde comienzan los cultivos"-*, enclave napoleónico estratégico, situada a veinte alcances de cañón de 12 libras de Pamplona y convertida en cuartel general francés el mismo año de la invasión. Lo que sí apreciamos al primer golpe de vista es la complicidad del viajero y su espolique. Nos lo revela el plural empleado en la descripción de las labores, el especial cuidado que el patrón pone en el almuerzo de los dos, el entendimiento que adorna al espolique y del que hace gala a la hora de pintar el fresco de la posada. Podría, en el antiguo régimen, ser espolique sinónimo de escudero, de adelantado criado para su señor. Nos aproximaríamos a sus menesteres y obligaciones. De igual manera, cómo no ver en Sindo, el de Luarca, a un Filípides de la edad moderna o a un mandadero medieval, corriendo leguas entre fortalezas para llevar a Sancho *el Fuerte* nuevas sobre el desastre de Alarcos. Pero cometeríamos un error: la gracia del espolique procede de su libertad, la conforma su independencia. No es siervo ni soldado, sino que alquila al viajero su experiencia y dominio del y para el camino. Durante las guerras carlistas ejercieron su labor sin dificultades notables y fueron respetados por ambos bandos puesto que, con igual diligencia, sirvieron a liberales y monárquicos. Estaban los caminos norteños como para mover tropas a la buena de Dios.

El hombre que antaño se daba al viaje en soledad habría de ser osado, valiente, y aventurero. Otra opción era estar como una cabra, pero, dejando a un lado a locos y almas en pena, las anteriores virtudes siempre van de la mano de la inteligencia. Así pues, ¿cómo no habría nuestro viajero de hacerse acompañar de un avispado conocedor de la ruta? Al menos, en los territorios más inhóspitos y arriesgados: los temibles pasos de la Cordillera Cantábrica, las travesías de los Pirineos, el tránsito por los despeñaderos de Sierra Morena...

Y nuestro espolique, a la sabiduría que cada legua sumara a su conocimiento, habría de añadir lo aprendido de aquellos hombres singulares, por los que era solicitado para hollar esas sendas.

"La libertad Sancho, es uno de los más preciosos dones que a los hombres dieron los cielos [...], por ella se puede y debe aventurar la vida".

Se cuenta como cierta esta anécdota sobre el conde de Romanones a quien, en una partida de caza a la que asistía -como era su costumbre, a lomos de un pollino- el osado espolique que a su vera caminaba espetó:

- *"Con todo el dinero que tiene vuestra señoría, ¿cómo no lo reparte entre los españoles?"*

- *"¿Cuánto dinero crees que tengo?"*

Nuestro héroe aventuró una cifra, oída la cual el autor del *Decreto de la Jornada de Ocho Horas* hizo sus cálculos y, echando mano a la faltriquera, le respondió:

- *"Ahí tienes la peseta que te corresponde de tu parte".*

Y qué decir de los espoliques de allende los mares. Un botón de muestra: durante la construcción, a mediados del siglo XIX, del Ferrocarril Bolívar de Tucacas a las Minas de Aroa, los ingenieros de caminos debían adentrarse en la selva para marcar los trazados. Correspondió el primer intento, -hubo tres, espaciados a lo largo de ochenta y seis años-, al ingeniero inglés Robert Stephenson -hijo de George Stephenson, el inventor del ferrocarril-, quien cuenta lo que sigue:

"[...] precisamos de la compañía de espoliques que atendían a todos los menesteres del viaje: ensillar y desensillar las cabalgaduras, bañarlas, mover equipajes, avisar de los peligros y fieras de la selva [...]. Si se trataba de corta permanencia, esperaban a sus patrones, pero si éstos prolongaban su estancia, entonces regresaban con bestias y bagajes a fuerza de acopiar nuevos suministros".

"La curiosa non se pique si la llaman espolique", reza el dicho carretero y asturiano. Es de ley. En un individuo dueño de caminos y sendas, quedaría a su criterio tratar con discreción asuntos peliagudos. A su albedrío, dejar correr unos chismes y callar los que menester hubiere de silenciar. Aunque no da el espolique tono de alcahuete o correveidile, el que calla otorga, o aún mejor: sabes más por lo que te ahorras que por lo que cuentas. En esencia,

el espolique era el portador de noticias y nuevas: las grandes y las de andar por casa. Y aunque fuera maestro en discreción y tacto, seguro que no faltaría algún alcahuete y metomentodo que, a conveniencia suya, pusiera en su boca mentiras y dislates.

Y ahora, voy arrimar el ascua a mi sardina; candasina y cantábrica por cierto; a la plancha manjar y de espolique; en arenque magnífico sustento. Muleta voy a usar prestada de un gran humanista de quien, si añado montañero, hago reiteración de sabia humanidad. Hace pocas fechas, el maestro palentino Alejandro Díez Riol, comentando un libro, afición que le honra y de la que aprendemos unos cuantos, apuntaba:

"El autor del libro que comento se llamaba Luis García Guinea, que fue notario de Cervera en la década de los últimos 40 y primera mitad de los 50. Muy deportista, Presidente del Club de Fútbol de Cervera, gran nadador, montañero, subió varios años a la cumbre del Curavacas por el Norte, de ahí ese nombre -Vía del Notario- que ya se ha hecho un hueco en esa montaña. Lo hacía siempre acompañado de "espoliques" o sea, acompañantes de Cervera y, sobre todo, de Resoba".

Me consta que Díez Riol no elige calificativos y epítetos a las "siete y media". Luego, cuando dice espolique, no menta criado ni porteador, sino espolique.

Y, naturalmente, veo a Gregorio Pérez Demaría como

al gran espolique de los Picos de Europa, tanto por su actitud de experto guía como por su apasionante prosa, cuya sencilla honradez cuando cuenta la primera escalada al Picu Urriellu sobrecoge al lector. Creo que así lo ve Francisco Ballesteros, quien nos arrebata relatándonos los vericuetos por donde el *Cainejo* guió a Pedro Pidal, llevándole a través de los dos macizos señeros de los Picos de Europa horas antes de la hazaña del Naranjo.

Eran espoliques los primeros guías alpinos, claro que sí. Y, apurando un poco el espíritu, mucho ha de haber de espolique en el trabajo vocacional de algunos de nuestros guías actuales en los Picos de Europa. Me acuerdo ahora de Erik Pérez, de Chamoso, de Cipri, de Fernando, de Víctor, de Martín... Quizás el mensaje de estos guías no vaya lacrado, ni se susurre al oído de viva voz, pero está escrito en los collados y en las cumbres, en las sendas y los bosques que nos hacen recorrer a fuerza de oficio. Esos caminos nos traen recuerdos de nuestros abuelos, aquellos hombres y mujeres de una dureza sin par, de una fortaleza de espíritu a toda prueba. En buena hora, precedieron nuestros pasos ejerciendo de espoliques de nuestra propia existencia.

Gracias, lector amable, por haber soportado paciente estos relatos a lomos de esta humilde cabalgadura que es la pequeña historia... Ojalá mi pluma medio roma, haya sido buena compaña de espolique.

Índice

Febrero 2015